U0033555

HUGIBOOKS

HUGIBOOKS

# 各界推薦

謝謝布蘭達與維尼姐妹，為我們精采示範了如何活出自己、活出自由，以及活出想要的生活、工作與關係型態。書中所分享過程中甘苦，和對主流價值觀深刻的人生省思，真是給對僵化的生活型態不滿而哀嘆的朋友們一個正面典範和衝擊。閱讀後讓人深思：人生苦短，我真正想要的人生生活是什麼？為此我將從何開始改變和行動呢？

——周介偉／光中心創辦人

布蘭達與維尼的生活，就像是由一個個小型實驗串接起來，從「人需要固定的住所嗎？」、「一定要一日三餐嗎？」從我們視為理所當然的問題出發，經由一次次不危及性命的試驗，慢慢發覺自己的邊界。哪裡可以，哪裡不可以，生活的可能性，就這樣一點一滴被打開了。

——曾彥菁／暢銷作家

相當認同此書理念，實現理想生活的關鍵在於心靈上的自由。只要心是自由的，無論我們做出任何選擇，都是快樂的——人生幸福之道其實很簡單。

——愛瑞克／《內在原力》作者、TMBA共同創辦人

簡單生活，是我認為要面對壓力爆棚的現代，一種很重要的應對之道。時間表滿檔，各種活動一直塞，就算是心靈大師，也很難輕鬆得起來。布蘭達&維尼的「極樂生活」，是我心目中簡單生活的典範，又能接軌古代的道家哲學，是大隱隱於市的現代版。邀請讀者跟我一起，藉著她們的分享，找到豐盛與自由。深深的為您祝福！

——洪仲清／臨床心理師

# 今天，就過喜歡的日子

布蘭達&維尼 著

布蘭達&維尼

一步步實現心靈與物質自由全紀錄

# 目錄
CONTENTS

第二部

# 關於努力

前言

# 我們的「極樂生活」

對別人而言或許會有些難以理解，不過我們現在正過著猶如極樂世界與天堂般的生活。乍看之下，有些人可能會認為我們彷彿如「苦行僧」一般，但是現階段卻是我們人生最滿意的時候！

## 「看起來」像苦行僧般的生活

或許是因為我們姐妹倆目前住在沒有附設廚房、空間不到十坪的小套房中，而且這裡沒有大沙發、大衣櫃、大書櫃、大書桌、大冰箱，也沒有除濕機、空氣清淨機、洗衣機、吸塵器、氣炸鍋等，我們甚至不打開電視，也不使用冰箱。

這裡只有一個抬頭便能望向天空和山巒的大陽臺、一大片可以隨時伸展與做瑜伽的巧拼地板、一人一張的單人床組，還有一間明亮通風的簡易浴室。

又或許是因為我們並未擁有讓親朋好友能感到有面子的正職工作和穩定收入；沒有進行任何投資、保險及退休規劃；沒有想要買房買車，也沒有特別想結婚生子，最終沒有走上和周遭友人相似的道路。

我們都是當天想幾點起床就幾點起床、想做什麼就做什麼、想吃什麼就吃什麼。由於實在不喜歡勉強自己，先前還把所謂高薪的金融業工作都辭掉了！我們只喜歡分享自己的生活和想法，有時候用文字表達、有時候用影片表達、有時候用圖畫表達，然後發現其實我們喜歡做的事情真的很少！

又或許是因為我們不保養、不化妝、不吃保健食品、不用洗髮精、不追求時尚、不更新３Ｃ產品、一天吃不到兩餐，自己煮飯時不加油、鹽或糖，而且每天都穿一樣的衣服。

我們只試著聽從當下身體和內心的需求，並逐漸排除生活當中讓我們感到不舒服的人事物，結果不知不覺就變成了這樣「看似苦行僧般的生活」，但實際上對我們來說卻是「極樂世界般的生活」。

我們並不是安於現狀、勉強接受現實，然後說服自己所謂的簡單生活就是最好的，而是在歷經了無數次生活型態的測試，最終發現目前這樣生活是最理想的狀態，但我們也相信更好的還在後頭，畢竟一直以來，生活的轉折與美好，都讓我們意想不到！

## 爲了遠離痛苦，不斷找尋治本的方法

就我們所知，每個人的生活都會經歷痛苦。我們曾感到痛苦，你應該也曾感到痛苦，相信他也是，似乎無一例外。既然這是「必然」會發生的事情，我們便無法逃避而不去面對，於是尋找解決生活各種痛苦的方法，變成了我們七年前最大的生活目標！

七年以來，我們歷經了比七年前更加刺激有趣的人生過程，而生活痛苦的程度從「稍苦」、「極苦」到「無苦」的狀態，直到現在，我們才比較清楚，原來痛苦是這樣消除的，原來極樂是這種感覺，原來健康會有這種感受，原來生活可以變成如此。

喜歡思考、分析並解決問題的我們，為了要拿回人生的掌控權、重獲心靈真正的快樂、尋得能夠治本且最關鍵的方法，我們選擇的是保持最開放的心態，嘗試多方了解各種可能性。開放的心態很重要，畢竟若對不熟悉的生活方式總是感到懷疑與不安，不如乾脆保持原樣、不要浪費額外時間。

於是這些年來，每當痛苦發生的時候，我們並不想停在原地苦惱與忍耐，總是選擇邁開步伐去尋找答案，一路上做過無數探索與實驗。而寫下這些軌跡與心路歷程的現在，很慶幸七年前的自己那麼勇敢的啟程了，才能把我們送到如此美好的當下來。

第一部

# 一路走來

我們很難確定，什麼是應該做或不應該做，
我們只是順著當下內心覺得真心想做、
非做不可的方向前去，不知不覺，
就走到了從來都沒想過的美好生活。

# 走上「工作自由」之路

## 第一次感受到人生的痛苦

我們姐妹從小都是屬於頭腦呆呆、單純遲鈍、不太會思考且不擅言詞的人，家人常會擔心我們出門在外容易受騙。即使學生時期好像有點「痛苦」，我們還是呆呆的繼續努力念書，沒有特別理會那種感覺，也沒有想過叛逆或逃避等其他選擇，算是老師眼中的乖學生。

我們的求學過程還算順利，兩人一起考上第二志願的文華高中，大學也進入了中字輩的學校，後來還雙雙念了財金研究所，在絲毫沒有多想的情況之下，一路走在看似「最合理」的求學道路上。

或許就是因為年輕時沒有想太多，也還沒有能力周詳思考，社會的風氣也未聚焦於如何尋覓一生的志向與熱情，學生時期順遂結束後，下一個人生階段就讓我們遇到了人生第一個巨大的痛苦！

在財金所快畢業時，我們開始決定就業出路，當時很自然的認為自己應該要進入金融業。而順著這個思路，我們的應徵首選，就是銀行所招募的「儲備幹部」，特別是相較於證券或保險業，銀行業的這個職務有不少起薪都是五至六萬元起跳，於是單純的我們自然以薪資待遇做為主要判斷準則，並在後來也順利就職，而身邊許多同學也幾乎都找到類似的工作。

不同於校園生活，這全新的人生挑戰十分新鮮有趣，我們在工作初期都學到了很多，不僅在專業領域上認真琢磨，也積極與上司、同事與客戶互動相處，然而上班過了兩年多之後，我們開始發現好像哪裡怪怪的！

首先，我們察覺到某些事務「不太符合我們的個性」，內向的我們不擅長喝酒應酬，對八卦抱怨不感興趣的我們不喜歡和同事及老同學閒聊，而喜愛獨立作業的我們難以忍受工作頻頻被上司和客戶打斷，偏好簡單輕鬆氛圍的我們適應不了注重外表與充滿競爭意識的業務單位。

這些經驗讓我們發現自己與旁人的不同之處，並且意識到原來自己有這樣的想法和偏好，而這可能是我們第一次開始有點認識自我，畢竟以往我們好像只知道自己喜歡看電影、喝星冰樂、吃火鍋等，這些顯而易見的喜好。

一直到後來，我們也才發覺原來「痛苦」的出現，是讓我們開始學習「觀察自己」的機會，甚至開始「思考」為何我們要做這份工作，以及疑惑為什麼人一定要工作等。

當然疑惑歸疑惑，究竟如何點出當時的關鍵問題，甚至進一步去找尋對應的解決方法，這些對長期呆呆做事的我們來說實在太高難度了，當時我們能做的還是維持原樣，該上班就上班、該吃飯就吃飯、想抱怨就抱怨，繼續和朋友互相取暖！

比較特別的是，在思緒很亂、頭腦疲乏的時候，我們會暫時放下工作與煩惱，動手整理一下家裡，以及閱讀極簡生活相關的書籍，來讓自己稍微放鬆。但當時我們好像也還沒有明確意識到，自己原來喜愛並且擅長整理居住環境。不過其實面對高壓、緊繃的工作，我們最開心的還是下班和週末去吃大餐了！這或許也是受到周遭旁人的影響也不一定。

吃遍各家麻辣鍋、享受吃到飽燒肉、看上映第一天的電影是我們上班之餘經常做的事情。在那些時刻，我們比較不會想到工作上的煩悶，心理也因此能夠平衡一些。但後來也慢慢意識到，這些休閒活動仍然無法徹底緩解我們的痛苦，結果對它的需求竟越來越重！

還記得那些常常加班到晚上九點、十點的日子，我們總是下班後相約到住家附近的吃到飽麻辣鍋店當宵夜來犒賞自己，有時一個禮拜吃兩至三次。仗著自己月入五萬多，所以沒有特別克制花費，更何況我們工作加班那麼辛苦，因此覺得吃麻辣鍋也是很合理的！現在回頭看來，那樣下去身體恐怕早晚會出事。

此外，我們一直都有腰酸背痛和偏頭痛的狀況，但是一直找不出原因，結果也只想得到去按摩店舒緩放鬆，甚至認為不這麼做實在對不起自己辛勞的身體。

不僅如此，我們也有嚴重的鼻過敏、眼壓高的問題，而且感冒也很頻繁，每次放假從台北回台中老家過節時，家人看我們總是輪流感冒，很不放心我們的健康問題。老是讓家人擔憂，也讓我們感到很不妥。

不曉得是不是上述那些身體問題的緣故，我們總是睡得很多，除了上班日，兩個人總能睡上十至十二小時，而當時的我們並不知道，再過七年我們總算找到真正根治身體問題的方法了！

面對上班時期每下愈況的身體狀況，我們選擇的是看中醫吃藥來慢慢調養身體，對當時的我們來說，要改為吃得清淡一點，或是撥出時間來運動，都是不可能也不太願意做的事情，而看醫生拿藥相對來說容易又即時。

工作之餘雖已努力紓壓與就醫，沒想到內心和身體的痛苦感還是沒有明顯緩解，於是我們開始大量閱讀書籍，尤其是靈性或心理成長方面的主題，試圖運用不同方法來解決煩惱。當然這方面的書籍常常看了之後仍一知半解，甚至不同作者分享的內容當時覺得偶有衝突，不過幾乎關鍵都在於我們還沒從生活中實踐與感受之故。我們有一陣子就這樣勤跑書店和圖書館，極度渴望找到人生的答案。

答案究竟有沒有在書堆裡找到呢？我們只能說光是看書只完成一半，如同你現在閱讀這本書，或許也同樣渴求找到痛苦的出路與自由的解放，不過看書的行為不是解藥，思維的轉變才是鑰匙，我們終究需要轉開未知的自己。

書中字裡行間讓我們首先開始去思考人和工作之間的意義為何，被工作占滿時間的我們，既希望能發揮所長並獲得理想待遇，卻又對這麼做的理由感到疑惑，這是我們第一次開始去「動腦」，而這樣的思考練習對於我們往後的人生，有非常多的幫助。

# 為了擺脫痛苦，不斷尋找賺更多錢的方法

老實說，靈性成長相關的書籍內容往往十分抽象，當初我們常常讀得似懂非懂，也不太清楚如何應用到實際的生活當中，後來才漸漸歸納出是因為行動太少，自然無法理解他人的經歷與體悟。

雖然我們已經比一般畢業生的起薪還高，但是吃大餐、按摩、看中醫等消費，讓每個月的支出相當可觀，因此存款不多。而當時周遭的朋友和同事對於建立理想生活的實踐方式，大多數是透過投資理財，我們評估自己恐怕無法大幅節省開支，所以認定最好的方法大概就是開源了。

我們心想，只要有錢的話，就什麼都不用擔心了吧！任何問題都能迎刃而解了吧！

那時候剛好有親戚正在做直銷，聽他們訴說美好的理想生活只需持續重複幾個動作，就能月月穩定進帳高額收入，於是我們很快就被吸進去了。

我們花了好幾個月投入直銷活動，但因為個性內向、口才又不好，遲遲不敢向周遭親友面對面推銷產品。不過擅於找解方的我們，在網路上搜尋到一些適合內向者的經營方式，還買了一個線上行銷課程，認真的研究被動收入系統，甚至因緣際會習得 WordPress 架站技巧，沒想到這在之後，還幫助我們靠網頁設計斜槓了一陣子呢！

由於直銷事業一直沒有任何起色，在發現自己付出了很多努力卻沒有任何回報時，我們突然想起之前看到的一本靈性書籍中提及的一個概念，便是「去做你內心真正想做的事是不會餓死的」。

我們大膽假設，可能是因為我們選擇做直銷單單是為了「錢」，想確保自己往後都有足夠的錢來過上安穩無憂的生活，對於產品則不是特別有愛；而那些在直銷業成功闖出一片天的人和我們不同的，便是他們對品牌與產品都有高度的認同感和熱忱，因此我們嘗試了半年並體認到這點後，就決定放棄了。

我們也意識到，其實直銷並非不好，它很適合某些人，只是剛好不適合我們。這也是我們第一次開始冒出類似這樣的想法，亦即「人應該要做自己內心真正喜歡的事」。透過直銷的體驗，書中的觀念漸漸真切融進我們的內心。

除了畢業之後從事金融銀行業的工作之外，這是我們「為了錢」，或者應該說「恐懼未來沒錢」而投入一項努力且最終遭致失敗的第一次經驗。

沒錯！之後還有第二次！因為我們還沒學會教訓。

在那之後，我們繼續過著普通銀行上班族的日子。某次逛書店時，偶然注意到了一本有趣的書，作者是一位「整理師」，提供到府居家整理服務，也就是到客戶家中進行一對一教學，協助對方整理自己的物品並賺取時薪，可以說是當時相當新穎的創業方式，而我們很快就聯想到自己對整理空間的喜愛與擅長，於是當下眼睛一亮，並認為這就是我們想要做的事！

回想起來，平常我們只是覺得自己單純喜歡整理家裡，並且習慣讓生活環境保持清爽舒適的感覺，若有多留意，其實就能覺察出這是心之所向的一種跡象，而我們卻一直到面臨了重大的痛苦，並且偶遇好書，才開始思考人生有其他可能性。

許多人苦於不清楚自己喜歡做什麼事，因此無法做出任何改變，但其實大多只是因為太少觀察自己，太少覺察內心的感受，所以才對自己如此不了解。而我們則是從常常做的「整理物品」和「看書」這些過程，直接間接的一步步更加了解自己。

# 發現理想職業，冒出離職創業的想法

在發現「整理師」這個職業之後，我們第一次冒出「離職創業」的想法，加上漸漸感覺銀行的工作並非我們真心熱愛，也有些難以想像待在原地直到退休，既然都有人能以「整理」為業，於是我們再度被吸進去！

在自己的家裡整理已經十分療癒，若能到更多不同人的家中一展長才想必會十分享受，更何況還能讓其他人也感受到整理後的美好，頓時還有種使命感的情緒，不過還算理性的我們也很快冒出諸多後續執行方面的擔憂。

例如：到別人家裡該先從哪裡著手？如何知道客戶真正的需求與難處？如何與客人溝通？過程中沒話題而感到尷尬的話怎麼辦？萬一整理的

成果不符客戶預期怎麼辦？時薪的收費方式如何能讓客戶接受？……一連串的糾結排山倒海而來。

我們甚至花了好幾週的時間，統整出各種客戶可能會有的需求、反應以及我們的種種擔憂，再一一擬定對應策略，還做了好幾十頁的攻略資料，希望儘可能模擬出所有情境與因應之道。結果最終因為對「未知」太過恐懼而就此打住，而這個恐懼也導致我們後續付出極大的代價。

考量我們自身能力恐怕不足，於是整理師到府模式決定暫緩，但對於整理服務的熱忱卻沒有因此而消退，所以我們開始思考是否有其他方式一樣可以提供整理服務，卻不需要與客戶面對面接觸，於是「整理師預約平台」的想法就誕生了！

我們突發奇想，不如由我們提供一個平台，讓想要提供到府服務的整理師上架自己的個人品牌，再讓客戶線上挑選自己偏好風格的整理師，然後在系統上預約服務，而我們可以賺取中間協助推廣的佣金，如此一來，仍能傳遞整理的美好體驗。現在回頭想想，那和線上直銷事業有種異曲同工之妙。

創業的未知十分巨大，即使渴望成功，終究也難以掌握，因此在恐懼未來會沒錢的情況之下，我們也不敢貿然離職，但又很希望有一天真的能夠靠這個平台賺錢，然後順利離職、擺脫上班的痛苦，於是我們開始規定自己每週二和週四，下班後相約在麥當勞或飲料店，討論創業事宜，週末也必須騰出一整天來做創業相關的準備。

首先，為了要架設一個平台，我們開始研究適合使用的工具，最終選用 WordPress 來製作，而這是繼先前的直銷事業後，我們第二次研究網站的架設，由於為了省錢，所以什麼都是自學，但賣力研究好一陣子之後，我們總算認清了自己的無力，後來決定交由專業的網站設計公司來協助我們。

雖然最終這個預約平台還是宣告失敗，但也為我們奠下了良好的網頁設計基礎，尤其之後維尼在這方面展現了不錯的實力，還進一步接觸到 Wix 工具，讓我們在未來又能更澈底整理自己的生活。

一週撥出整整兩天的時間來學習創業的事情，乍看之下好像很累，加上平時工作又經常加班，很多人可能會覺得這樣太辛苦，並疑惑這樣的生活要怎麼堅持下去？但對我們來說是種享受，正是有這段美好的時光，我們才不會一直被上班的痛苦感給籠罩，於是在職場兩年多後，每週二、四、六的創業時段，變成了療癒我們的寶貴時刻，也是我們「成為自己」的時候。

我們也推薦現在正面臨痛苦工作的朋友可以考慮在工作之餘，試著找一件自己有點喜歡的事情來投入，如果下班後身心已經累到不行，就算看看相關的資訊也好，或是開個部落格寫下些文字抒發心情也很好，不離職也沒關係，人還是很需要偶爾回到屬於真正自己的片刻，而不是只靠吃大餐、逛街、看電影，或者抱怨生活的不如意來緩解痛苦。

## 痛苦到不行，決定直接離職

人一旦接觸到更好的事物，就很難再回到過去了！喝過精品咖啡，再回去喝一般咖啡就很不是滋味；體驗過乾淨整潔的居家空間，就無法再回到過去混亂骯髒的環境。

同理可證，在我們體驗到創業時光的美好之後，就越來越無法忍受自己竟然花那麼多時間在上班，有時候連在公司時也常常在思考創業的事情，不知是幸還是不幸，內心不舒服的感覺越來越鮮明，上班工作對我們來說也越來越痛苦了。

當時我們問自己，爲什麼我們只能花20%的時間在喜歡的事情上，卻要花80%的時間在不喜歡的事情上？

一直到有一天，我們真的無法再忍受了，隨著每次被主管呼來喚去，痛苦似乎已經來到了一個極致，我們當時內心出現了一個很清楚的聲音，就是「離職」！

我們並不是因爲很有勇氣，所以才敢離職，也不是因爲對自己未來的創業很有信心而敢離職，更不是因爲存款充裕而敢離職，完全不是因爲做足了萬全的準備而決定離職，只是單純因爲內心太痛苦了！

有些人覺得自己雖然很想離職卻踏不出那一步，在我們看來，其實只是因為不夠痛苦而已，或是沒有發現自己其實很痛苦。我們認為不跟隨內心的生活，痛苦將一直存在，若沒有去面對，或許等到身體出了狀況，或是生命遇到重大的事件，待到夠痛苦時，終究會被點醒，並被迫做出改變，而啟發我們的就是這份高薪的金融業工作。

再後來，我們發現痛苦真的是一份禮物，就是因為當初上班夠痛苦，我們才會選擇離職，也才能夠提早取回生活的自由。但職場的體驗仍十分難得而有趣，很慶幸自己有機會成為上班族的一員，了解一點點公司的生態。

不過同時我們也察覺到不須操之過急，畢竟每個人的境遇、心態都不同，無論痛苦來得早或晚，只要好好面對和處理這份痛苦帶來的隱含禮物，我們隨時隨地都能改變自己的人生，讓它往我們比較偏好的方向前進！

# 離職比較可怕？還是不離職比較可怕？

很多人常常問，我不喜歡現在的工作，但又不敢離職，該怎麼辦？

依據過往的經驗與邏輯判斷，我們提供大家三條可以選擇的路：

一、不離職代表現在的工作有很多好處，專注並感恩那些好處即可。

二、先不離職，但開始在下班之餘投入喜歡的事情，投入得越多，越能知道自己想要的是什麼。

三、整理出離職之後可能會發生最可怕的三件事，然後一一冷靜破解，例如：存款減少可以做的下一件事為何？家人若不支持可以改善的話術為何？創業若失敗可以調整的方向為何？

更重要的是，可以嘗試運用以下思維，給予自己更多對生活的想像。

一、離職沒錢就大不了再回去工作，就算打工也可以，若是真心想實現理想，生計問題怎麼樣都可以解決。

二、就算不離職，長期內心鬱結、生病，或者需要購物或大餐來平衡心理，最終即使不離職也可能會沒錢。此外，穩定的工作未必是一生絕對的保障，公司也可能會倒，政府機構和保險公司也有可能會倒，甚至經濟局勢也難以掌握，離職創業縱然可能會沒錢，不離職也可能會沒錢！並沒有什麼事情是能夠百分之百確定的，能夠確定的唯有當下自己的內心是否選擇平靜。

三、不離職覺得痛苦，但想到離職之後也痛苦，怎麼樣都痛苦兩難的話，就索性選擇現在相對不痛苦的吧！人必定會選擇自己當下較不痛苦的選項，而這樣的判斷也會隨時間、機遇而變化，若當現有選擇越發痛苦，最終也會迫使一個人改變，因此現在不想改變，不要改變也未嘗不可。只要靜靜的觀察自己，並好好感受這個特別的感覺就好，自然而然我們會做出自己更偏好的選擇。

四、我們可能明天就不在這個世上了，這樣的狀況並不罕見。我們當然會擔心未來以及老後的生活，但我們同時也應該擔心其實可能並沒有那麼多的時間來實踐自己的理想，萬一那件我退休之後的願望等不到我退休呢？我們更擔心的是，自己有那麼多想做的事情，而一生的時間究竟夠不夠使用？

# 第一次存款歸零，開始打工換宿

離職之後，我們並沒有給自己先放一個長假休息，而是將原本一週兩天的創業時間直接延長至一週工作七天，能夠將所有時間都投入在自己喜歡的事情上，我們是很興奮的！

有了更多時間之後，一邊準備建置整理師預約平台之餘，我們還是想挑戰看看整理師到府的工作。雖然之前有許多擔憂和恐懼，甚至也並未隨時間減少，但秉持著對整理的熱愛，內心似乎還是告訴自己就去做吧！

我們先進行一些心理建設，如果最後我們整理得不好，頂多就是客人不喜歡，然後給我們不好的臉色，以及沒賺到錢而已，這樣雖然對首位客戶會很抱歉，但最差的情況大概就是如此。而如果我們試過一、兩次經驗後覺得確實不喜歡或不擅長，只要索性放棄就好，並不會有太大的損失，或是搞不好之後就知道怎麼調整服務了。

也就是說，每當我們面對與嘗試新挑戰時，幫助我們跨出那一步，多半是因為秉持著這樣的心態：

一、思考最壞的情況，如果不幸發生大不了就回到原狀，損失並不大，甚至可能多了難得的體驗，能做為未來調整或觸發新靈感的機會。

二、只是嘗試一、兩次，或者維持一週看看而已，並非一輩子都得繼續做下去，所以不需要得失心太重。

由於我們當下內心真的很想成為整理師，為了滿足自己的渴望，於是同時帶著有些恐懼的心，著手經營這個全新的領域。沒過多久，我們還找到了在操作上比 WordPress 更人性化的 Wix 網站工具，然後開始撰寫物品整理和極簡生活相關的部落格文章，並架設完成我們自己的整理師網站，而沒想到第一週就成交了第一筆訂單！

或許是因為我們的個性較為內向與細心，所以能感知與體貼客戶的需求，再加上熱愛整理的緣故，因此不擅言詞的劣勢並沒有太明顯。我們發現，只要真心傳達整理的經驗與想法，然後兩個人互相配合、一搭一唱，一個人在和客戶說話時，另外一個人就有時間在腦中組織下段對話，這樣就比較不容易讓場子乾掉，於是第一次的到府整理就這樣順利完成，我們也得到客戶良好的回饋，甚至還拜訪了好幾次！

隨後我們為了獲得更多訂單，不斷優化網站、學習線上行銷、製作電子報。每次到府整理結束後，總會發現有許多可以調整的地方，也越來越了解各類客戶的常見需求與煩惱，於是我們開始思考更有效的教學模式，而當時影音行銷正夯，所以我們便開始學習製作 YouTube 影片。

因為我們是創業小白，很多事情都不懂，也沒見過太多世面，但都只靠自己一步一步去經歷和學習，所以初期花了非常多的時間在測試、重練、歸零、再測試。

例如：網站版本就改了不下幾十次、YouTube 的形象封面圖也改了N次，我們所提供的整理服務項目、內容形式、價格等，都不斷調整與修改。當時我們還曾經想過這樣不停打掉重練的狀態究竟要到何時，畢竟我們在學到新的技巧或重建新的美感後，總會對過去的內容與作品視如敝屣，其實直到現今，我們還是一直在修正。

同一時期，外包出去的預約平台遲遲無法完成，我們也花了很多時間和網站公司來回溝通和測試，後續也開設了許多課程和講座，忙得焦頭爛額，也不亦樂乎。

離職之後的第一年，其實我們的消費習慣和過去還沒有太大的變化，尤其我們很喜歡去咖啡廳工作，然後一邊享受美味的咖啡。那時候我們也正在接觸初段班的靈性知識「吸引力法則」，當時幾乎每個人都知道這個概念，而我們也試圖學習讓自己的行為變得就像是一個有錢人一樣，並相信這樣就能心想事成。

因此我們當時便決定想喝咖啡就喝咖啡、想吃蛋糕就點蛋糕來吃，並告訴自己不需要去在意金額，也不要去「擔心害怕」自己會沒錢，這樣有一天就會真的變成有錢人。

當時我們最常去的是附近的伯朗咖啡，而一杯咖啡就要一三〇元，有時候待得較久，我們兩個人還會點第三杯，而且蛋糕、鬆餅也沒少吃，結果兩個人一天常常花到八百至一千元的伙食費。

過去我們消費各種大餐、按摩、娛樂、中醫調理身體，然後投資直銷產品、購買網路行銷課程、幫忙媽媽負擔一些在嘉義的房貸，到離職之後每天在咖啡廳辦公，於是我們幾乎把過去四年在銀行辛苦工作攢下的存款全部花完了，這時候我們距離職後已經滿一年了！

那時我們心想自己都努力執行了吸引力法則，為何存款最後還是歸零呢？我們是不是哪裡做錯了呢？

後來我們又接觸到新的概念，即「做自己當下內心想做且喜歡的事情」，這一點沒有問題，但可能還得搭配「不帶任何預期的心理」才成立，而那時候的我們還只辦得到第一點而已。雖然這是一個蠻特殊的腦內思維，但我們仍想姑且一試。

總是擔心沒錢且預期透過創業賺大錢的心理模式，深深烙印在我們腦中，但創業資歷和人生閱歷十分淺的我們，自然無法覺察出自己腦袋僵固的想法。

雖然我們把存款都花光了，但咖啡、甜點和舒適的工作環境也讓我們都享受到了，所以其實也不能算虧。我們就是這樣呆呆的往前行動，不僅不去勉強自己，也不想虧待自己，只想擺脫痛苦並好好享受生活和美食，或許就因為擁有如此過於樂觀的心態，於是讓我們在未來時日嘗試少食和更健康的飲食生活時，能更加順暢無阻力。

總而言之，我們繼續帶著這個靈性的疑問，然後積極的日復一日過著，但接下來就面臨相對高額的房租恐怕繳不出來的壓力，這便是我們的下一個難關。

由於一般租屋合約都是一年期，而我們根本無法保證自己能夠付出一年份的租金及押金，於是轉往蒐集短期旅店的相關資訊，結果偶然發現「打工換宿」的生活模式，只要一天協助旅店打工三至四小時，就能免費住在青年旅館，並免費使用旅館的公共空間。

其實我們在做這個決定的時候也有些小抗拒，畢竟房間和廁所都必須跟其他人共用，不像租屋套房有自己獨享的私人空間，但面臨存款不夠的現實問題，也別無選擇，加上當時內心對全新的生活也有點興奮和好奇，同時又能解決房租壓力，何樂而不為？於是我們就這樣因緣際會展開了人生全新的篇章！

現在回想起來，就是因為我們呆呆的執行了吸引力法則，然後呆呆的把所有錢都花完了，所以演變成必須打工換宿才有地方住，看似生活變得窘迫，但我們仍將其視為一個難能可貴的體驗，畢竟有錢的話不太可能考慮嘗試這種生活方式，也因而發現原來生活其實可以有許多型式與選擇，我們也就此展開自由的游牧生活之旅，並享受住遍各種旅宿的豐富旅程。

我們漸漸發現我們不太可能一下子就猜中或剛好就過上專屬於自己的生活型態，甚至對於完全不變且特定的模式存疑，反而認為必定會透過處處碰撞，然後不斷發現現況有些可疑而需要改善時，我們才會開始往更好的道路前進，因此所有遇見的痛苦與逆境並非壞事，而是代表我們離理想生活更近了，或是這樣的體驗能帶給我們更多的啟發，所以它其實是一個美麗的訊號，並告訴我們「該往這裡走囉」！

# 第二次存款歸零，放棄四十萬的網站

開始打工換宿之後，我們慢慢減少了到府整理服務的頻率，然後開始在青旅練習拍攝YouTube影片，希望藉由理念的表達，讓多數人靠自己也能整理好家裡。同時我們也與其他整理師一起合作開設講座，希望統合所有認識的整理師，並邀請他們日後加入我們的預約平台。

有些不幸的是，我們在平台的前置作業上花了兩年之後，外包的網站公司仍然無法做出讓我們滿意的成果，幾位認識的整理師在協助進行測試時，都表示平台的使用者體驗不佳，而且網站無論再怎麼調整都不甚理想。

結果我們花了長達兩年的時間和精力在一個我們預期它會讓我們賺大

錢卻最後完全無法使用的網站建置上，幸運的是，由於我們一直以來都有閱讀靈性相關書籍的習慣，而我們的生活經驗剛好印證了書中常提及的，亦即越是不希望發生的事情就越可能會發生；此外，抱怨網路公司並不會讓事情變好，也不會讓我們心情更好。

在認清事實之後，我們最後決定將尾款全額支付給網站公司，接著直接放棄這個花費我們四十萬元的線上平台，雖然百感交集、一籌莫展，但既然沒有任何轉圜餘地，留著網站也只是徒增傷悲，於是我們很快就把這件事拋到腦後，並回到當下我們能夠努力的項目上，也就是寫文章和拍影片。

現在回想起來，當初在好幾間網路公司進行挑選時，我們其實選擇了最便宜、工期最短的公司，而我們當時的心理狀態應該是「為了想要快點賺取被動收入」，而不是「享受當下的工作與旅程」。或許是因為如此才會造成這樣的結果，於是生命讓我們好好的學習了一課。在後來的人生旅途中也一直不斷印證，每當我們內心的狀態對特定成果有所預期時，外在反應出來的結果就是不太理想的，而在反覆好幾次後，我們才比較懂得如何調整心態和思維。

這次追求快速利益的結果就是，原本約定好三個月內會完成的網站，最後拖了兩年，甚至仍無法派上用場，而我們的四十萬元也算是彌補他們付出兩年以來的薪資，但願這次的經驗也能成為對方公司的養分。

這就是我們第二次「為了錢」而投入了努力但最終也宣告失敗的經歷，有了這兩次的經驗之後，我們好像發現以「賺錢」的心態和動機做為出發點的行動都會招致失敗，似乎真的如同靈性書籍常會強調的，我們只需要做當下內心真正想做的事情，不是爲了利益、不是爲了擔憂、不是爲了恐懼、沒有預期的心理，才是活在當下吧！

雖然我們依然懵懵懂懂，但至少又往「成為自己」的道路更近了。

現在回頭來看預約平台這件事，我們覺得還好當初沒有只因自己付出那麼多的心血，而硬著頭皮直接上線營運，否則粗劣的網站品質影響到其他整理師的事業就不好了。

有趣的是，假如平台真的經營得很好，我們猜想過不久也可能會把它收掉，因為後來我們就發現自己真正想做的事，其實是自由自在的創作文字及影片內容，對於開設公司、擴大營運規模，或者管理人際關係都不是我們所偏好的。

我們就是因為不想當別人的員工而離職，因此若是僱請員工，內心好像也無法坦然，我們更喜歡的是平等的「合作關係」，而不是上對下的「僱傭關係」，這也是我們日後體悟到的。

這四十萬元是珍貴的人生學費，它並沒有白花，不過也因為支出了龐大的費用而迫使我們的存款加速歸零，於是讓我們快速進入到人生下一個非常重要的階段，也是我們人生中最極簡的時候！這時我們離職也滿第二年了。

當時存款快見底的時候，我們也曾經掙扎過是不是要先找個時數不長的打工，並選擇一個不會臨時需要加班而影響我們創業的工作，來短暫支應日常生活開銷，那陣子甚至路上經過有在刊登招募工作的店家時，我們都會特別留意。

然而，接下來的經歷讓我們意識到，我們依然保持著「恐懼沒錢」的心理狀態，所以照舊繼續沒錢，我們似乎還是無法完全真心相信只要做自己喜歡的事情就能生活，我們也赫然感覺到這好像是上天給予的一道難題，想要測驗我們究竟能不能相信自己，並成為自己。

面對當下的窘境，但內心的聲音也跟當初極度想從銀行離職時同樣清楚，我們再度釐清自己真正想要的是「只做喜歡的事情就能過上理想的生活」，而不是「不得不一邊打工才不會餓死的生活」，於是我們決定繼續專心在自己的創業項目上，而那時我們還曾經有一週的時間只能去全聯買吐司加草莓果醬吃，現在回想起來真是超有趣的！

在我們認真決定不再過於擔憂金錢，並專注在眼前喜愛的事物上，然後竭盡所能的付出我們當下能力所及的任何事，很神奇的，下週收入就進來了！

這是我們第二次存款歸零，雖然可謂慘況，但也感覺過去不斷瞎忙的生活，好像也逐漸歸零了。

從此之後，我們比較不怕沒錢了，畢竟沒錢仍有沒錢的做法，冷靜處理便是，頂多就是吃吐司度日而已，沒那麼可怕，但若是回到當初不喜歡的工作上，即使有錢，內心的痛苦仍在，自己將處在不上不下的境地。尤其，其實我們想要從事喜歡的工作、實踐理想的自由生活，若是害怕而不改變，絕不可能憑空取得，這是自然而明顯的道理，其實做與不做都需要付出各自的代價，而我們只是選擇自己比較偏好的那一邊。

歷經了兩次存款歸零之後，我們總算稍微比較了解許多靈性知識所提到的「活在當下」，或是「沒有預期的去做當下內心真正想做的事」等概念了！這之後我們也繼續看了許多相關書籍，加上一邊透過自己實際的行動測試，於是也越來越理解作者們試圖表達的諸多意涵，而我們也決定以人生做賭注，繼續實驗下去。

這兩段存款歸零的經歷，宛如我們人生中最寶貴的兩個禮物，讓我們的人生閱歷登時豐富不少，接下來真的幾乎什麼都不怕了！

有讀者曾問過我們，離職之後存款快見底了該怎麼辦，而我們的做法就是，讓它見底吧！見底之後，我們就會退去舊有的自己、成為全新的自己！人生難得，我們就以開放的心態體驗各種風景。

## 展開游牧生活，全然自由的工作型態

在與預約平台的緣分結清之後，我們開始走向「線上的服務」。追求效率且急性子的我們一直在找尋與優化更輕鬆簡便的工作模式，因此不同於過去的到府服務與實體講座，我們開始提供線上整理師培訓課程，將過去自身的經驗全數分享給有需要的人，然後也開啟 YouTube 會員頻道、方格子文章訂閱專題，增加更多的內容創作，同時因為對 Wix 網站設計的喜愛，我們還開始提供網頁設計服務，並在 Hahow 平台開設線上課程。

我們幾乎將自己想得到且能力所及的各種創作與經營模式都試了個遍，凡出現在內心的點子都毫不猶豫將它一一實踐。起初當然觀眾與客戶都寥寥無幾、屈指可數，但我們認為做這些事對我們來說有其必要，不論是內心認為其實我們在做的是對的事或幫助他人的事，還是同時想體驗看看做了之後的感受，畢竟我們過去的生活經歷單調且乏味，因此有新的發想便躍躍欲試，從中辨識出自己屬於行動派的特質，也越來越了解自己。

短暫的進帳足以支應短期的日常所需後，我們便開始全然的選擇我們當下熱愛的工作項目，不再只限定於「整理物品、極簡生活」的領域，連同對「工作形式」的偏好都越發清晰。

懶惰、容易沒耐性卻機動性高的我們，可能較適合「更輕盈、更自由的工作模式」，尤其不受地點、時間的限制。我們希望在哪個地點以及什麼時間工作，都能由我們自己自由決定。而當我們嘗試接觸的工作類型越多，也就越來越清楚自己理想的工作生活樣貌。

比起到府整理、演講開課，製作 YouTube 影片與撰寫文章的形式更加自由，加上整理的本質在於需要花時間「一步一步慢慢來」，且最好親力親為，若能真實感受自己親自帶進家中的物品當下呈現何種狀態，並進而覺察自己的心理狀態，則更能達到整頓空間的目的，因此我們認為透過重複觀看影片和閱讀文章的方式，可以讓觀眾和讀者以自己舒服的步調來隨時調整學習進度，這與我們的生活觀更相符。

我們也持續秉持著不要帶有任何預期的心態去做當下內心想做的各項事情，而我們往往也因為太想直接挑戰看看新點子，而忽略其他人可能十分重視的風險評估，於是在相對短的時間內就嘗試和變換了許多不同型式的工作。評估一件事情是否能夠帶來利益對我們而言固然也很重要，並未偏廢，但更多時候，我們其實難以評估進行一件事情的真正價值，我們唯一能確定的是自己的內心究竟想不想做，而若是肯定的話，我們沒有時間遲疑，儘早進行、儘早失敗，就能儘早調整！

我們開始試著儘量隨時隨地確認自己想做某件事是來自於內心真正的嚮往，而非因為它能賺比較多的收入。就算一開始覺得某類工作型式不錯，但若後來內心又想要變化，像是更想專注在內容創作，而越來越不喜歡需要和客戶來回溝通的網站接案型式，即使那份工作其實可以持續賺錢或一次性獲得高額的收入，但為了排除任何內心的不適，我們還是會選擇放棄。

我們相信如果因為擔心收入銳減而去違背自己內心繼續接案，即使賺到了更多收入，這個收入必然又會以某種形式再流出去，也就是擁有「擔憂的心態」，最後會讓自己「做白工」。

與其浪費力氣，不如聽從內心聲音，並做當下想做的事，如果真的又快沒錢，必定是生命的旨意，或許它試圖又要教導我們一些我們還不懂的事，而我們勢必會在這個全新的活法之中獲得另一種豐盛！我們不再把金錢視作人生唯一的報償，存款見底的體驗也是絕佳的收穫之一，至少讀者看了覺得很有趣！

就這樣，我們一路上做了很多不一樣的工作，也捨棄了許多不一樣的工作，七年後的我們目前所擁抱的工作變得相當單純，主要便是拍片分享我們當下的生活，以及寫文章紀錄生活。布蘭達還多了寫小說和彈鋼琴的興趣，維尼則是多了畫漫畫的興趣，這是以前的我們難以想像的，尤其這些興趣其實也無法帶來即刻的實際收入，卻讓我們每分每秒都被自己喜歡的事物圍繞。

七年後，我們赫然發現自己需要做的似乎就只是「好好生活」、「活在當下」，然後透過持續的創作來表達自己，如果剛好有人可以因而獲益也很好，如果不能，我們也已經過上「極樂生活」了！

歷經了兩年的波折，即離職之後的第三年起，我們開始有比較多的收入，每月少則兩至三萬，多則十至十二萬，然後我們決定結束打工換宿，而開始付費入住各大青旅，並享受各種有趣的住宿空間，於是我們兩人的月租金就直接提高至每月兩至三萬元，雖然是一般房租的兩至三倍，但由於我們喜歡簡約的睡眠空間以及寬敞的公共空間，在跟隨當下內心的渴望後，我們也不過多考慮或克制自己去節省住宿費。

選擇青年旅館的住宿模式是我們當時最偏好與喜愛的生活方式，由於每天早上都有人幫我們準備好早餐，有時還有免費下午茶和零食，加上每週都有人幫我們清潔更新乾淨的床單並打掃維護各處居住空間，冷氣又能吹到飽，甚至還有免費的共享辦公空間任意使用，於是我們開始過著意想不到且非常舒適愜意的生活。

在這個階段，我們的工作狀態已經算是相當穩定，但我們的內心彷彿仍渴求著變化與新鮮感，等到我們將覺得不錯的旅店大致都住過一輪之後，不知為何，我們開始興起想離開台北的念頭。這時候，離職已經滿三年了。

曾經我們以為自己一輩子都待在熟悉且便利的台北工作和生活，但生命總帶給我們許多意外和驚喜。

我們移動到台中的青旅，而在離開台北之後，我們發現自己的內心居然更安定，也更平靜了。

也就是差不多在這個時候，我們開始接觸「少食生活」的概念，而這是頻道觀眾給予我們的靈感，同時也是我們更認真積極練習瑜伽的時候。

我們覺得真正的自由，除了包括工作或金錢上的自由、物品或消費的自由，還有身體健康的自由，以及人際關係間的自由，最後還有心靈思維上的自由，身與心能夠一致而無衝突，行為與想法能同步貫徹，才能達到平心靜氣的踏實感。每個部分看似獨立，其實卻環環相扣，而我們理想生活的修行之路，才正要開始而已。

# 生活越自由，物品越少

我們的游牧生活前後大約經歷兩年的時間，由於一直變換不同的居住空間，短則幾天、幾週，長則一個月至兩個月，所以我們更頻繁的積極整理並仔細檢視自己所有的物品，而透過自身物品的整理也能不斷反思我們日常的行動和工作模式。既然嚮往成為數位游牧工作者，就不需要擁有過多累贅的物品，時時確認自己的生活目標，就比較容易放下當時不合適的物質欲望。

因此我們的物品在不知不覺中就越來越少，兩個人的行李也縮減到一個後背包的大小，雖然物品更少，但生活更輕鬆、更自由了！

隨著持有的物品變少，用來維護清潔的精力就耗費得更少，腦袋也隨之更清晰，工作也能更專注，於是我們更能夠全神貫注的尋覓自己理想的工作狀態。在工作自由之後，我們才開始有餘力去照顧自己的健康，然後開始意識到自己的飲食習慣，並能騰出更多時間運動，以修復自己的身體。接著才能更心平氣和的與家人相處，讓對方看見我們的改變，我們的身體不再像以前那樣虛弱以至於動不動就感冒，也進一步改善自己與家人間的關係。而一切都從「整理物品」開始，因此十分感恩我們能與「極簡生活」相遇。

# 走上「身體健康自由」之路

## 適合自己的運動，根本不需要勉強

雖然我們與多數人一樣認同運動的重要性，但往往將它的優先順序排在幾乎企及不了的末位，我們自己其實也心知肚明。而大概在離職滿三年之後，我們好像才開始有餘力想到要真正落實「運動」這件事情。

工作狂的標籤放在我們身上再適合不過了，我們當時只想將所有的時間都分配給工作，抑或應該說光是分給它的時間就不太夠，畢竟學習與適應新的工作內容與形式，著實耗費精氣神，所以在時間安排上根本輪不到運動。再加上當時的我們睡眠時間頗長，每天都要睡上九至十個小時，因此一天下來所剩的時間也不多了。

此外，在我們離職之後，或許因為不再勉強自己做不喜歡的事，結果偏頭痛和感冒的狀況似乎就逐漸消失，身體狀態也好轉許多，因此對當時的我們而言，是否運動並不是很重要，於是我們也就沒有硬性勉強自己要定期運動。

有趣的是，在歷經了三年的創業時光後，由於我們在工作各方面的能力開始有所提升，包括拍片、剪片、寫作、架站的技能都已經上手，作業流程與時間安排也更加熟稔後，赫然發現我們開始多出了更多的時間，甚至可以嘗試其他事情，然後與運動的緣分也就逐漸展開了。

好巧不巧，有一次和家人在餐廳吃飯時，我們的阿姨（我們都叫她「媽咪」）忽然聊到運動的話題，然後就建議我們，「妳們可以去學瑜伽看看啊！」

老實說，我們完全不曾想過這個「東西」，彷彿那不是我們生活中會出現的存在，以往想到運動，我們的腦海中好像只有跑步、騎單車、韻律有氧運動和跳舞，之前偶爾會相約下班後一起到公司附近的運動中心上課。

在那天，一個清晰的訊號忽然就傳入我們的內心。雖然我們過去在培養運動習慣上總是一直失敗，常常半途而廢，不過對於未曾試過的事物，我們也都保持不妨一試的心態，於是瑜伽很快就變成下一個我們內心認為應該去嘗試的事。

隨後我們就著手尋找學習瑜伽的相關資訊。由於當時還住在青旅，不太適合在共享的房間內打開 YouTube 並跟著影片做瑜伽，怕會打擾到其他住客，於是我們就決定去外面的瑜伽教室學習。

距離青旅不遠處正好有一家運動中心，而它有提供單次上課的消費方式，由於我們無法確定自己會持續多久，因此剛開始不考慮支付月費，也不購置瑜伽墊。對我們來說，能夠先在初期實際培養出對該項運動的喜好，後續才有辦法進行長期投資，所以想上才去上，採支付單堂學費的模式非常適合我們，而每次上課一人也只要一百元，非常便宜。

有時候，我們覺得某些際遇與機會其實是事先安排好的，而它總會在最為合適的時間點悄然捎來訊息，只消我們靜聽內心的聲音。

我們就在工作上手後的時機點，碰巧獲得媽咪給予的瑜伽練習建議，而青旅附近剛好就有一家容易到達的運動中心，並提供合適的學習與消費方式，於是讓我們毫不費力的開始了鍛鍊身體的旅程了。

當然，實在不喜歡勉強自己的我們，一開始也抱持著只要感覺不舒服就直接放棄的的想法，因為那時我們認為瑜伽好像會有很多需要拗折身體的高難度動作，但也為了避免純粹只是因為自己身體太差才誤以為自己不適合，於是我們計畫好先給自己兩個月的時間，每週安排上課三次、每次一小時，如果在這段期間還是認為瑜伽不適合我們，就索性放棄。

結果我們在上過一次課後，就對瑜伽大大改觀並產生了很好的印象。相較於過去我們所嘗試的其他運動，其中多數總會讓我們身體緊繃、一直跳動，且上氣不接下氣，雖然幾乎都可能是因為我們身體太差的緣故，但面對不擅運動的新手來說，瑜伽的許多動作卻都很和緩，做完之後身體還會很舒服，也不算太累，實屬清爽又無負擔的運動，也讓我們第一次覺得終於找到適合自己的鍛鍊方式。

兩個月後，我們順利的達成每週三次到運動中心報到的瑜伽之旅，結束後也發現其實只要擁有一張瑜伽墊，就可以隨時隨地靠自己練習，於是我們便投資了第一項運動用品，然後讓瑜伽進入我們的生活之中。直到四年之後的今天，我們仍然享受著美好的瑜伽生活。

這次的體驗也讓我們意識到，面對生活中各式各類的目標無須操之過急、戰戰兢兢，許多事情彷彿自然會有最好的安排，直到那刻之前，都無須慌張。而且在真的需要採取行動的時候，我們總能辦到，反而若是用力過度，便會弄巧成拙，達不到自己希冀的目標。

另外，對於挫折或失敗，我們也不再像以前容易過於沮喪，而變得比較能夠平靜下來，並靜思背後可能傳遞的訊息含義，肯定會有我們可以學習成長與反思自省之處。而面對自己的諸多欲望，也比較不會太過苛求與批判，我們接受自己對自律的無力與對享樂的執著，因為那都是我們的一部分。

例如：不用刻意勉強自己現在就要運動、現在就要吃得健康、現在就要戒甜食戒炸物、現在就要離職斜槓、現在就要斷捨離，而是時間到了，我們自然就會下定決心去接觸，只要隨時覺察當下內心真正的聲音即可。

# 如何建立運動的習慣？

許多人都有想要運動卻一直無法做到的困難，就我們自己的經驗，可以這樣循序漸進去試試看：

一、不勉強自己，在自己內心願意接受的時候再開始接觸運動就好，反而先專注於將自己當下最想做的事情極力去體驗，後續自然有所安排！最高原則便是「不勉強自己」。

二、選定一項自己內心可能會偏好的項目，並先嘗試三次就好，且每次進行幾分鐘即可，然後輕輕告訴自己，「我這輩子有做到這三次就很好了」。接觸新事物並將之納為習慣並不是件容易的事，因此採用這樣無負擔、低壓力的模式，初期較不會產生太強的抗拒感。最高原則便是「三分鐘熱度已經不簡單了」。

三、觀察自己運動中和運動後的身體與心情狀態，若感受良好，自然就會繼續嘗試；若感受不好，就果斷放棄。就算無法堅持也不代表是自己不夠好，純粹只是還沒遇到適合自己的天命運動而已。尤其世界上運動項目那麼多，再換一個就沒事了！最高原則便是「開心最重要」。

# 嘗試「少食」——餓了才吃，不餓就停

繼工作和運動的修練之後，下一關的「飲食」關卡接著進入我們的生命當中。

實踐極簡生活讓我們開始意識到自己使用物品的情況，練習瑜伽則讓我們開始意識到自己使用身體和肌肉的狀況，而練習少食讓我們開始意識到自己的身體內部和頭腦精神的狀態。

我們是在離開台北之後才開始接觸到「少食」的概念，而搬來台中後，感覺身心似乎也更安定、更平靜，且時間也變得更有餘裕。

之所以接觸到「少食」是來自一則 YouTube 頻道觀眾的留言，彷彿又是另一位像我們媽咪一樣的天使過來捎了訊息。他說他正在練習食氣，從一日兩餐開始，再逐漸變成一日一餐，然後讓自己的身體負擔慢慢降低，而意識也越來越清楚。

如同當時初遇瑜伽，這也是我們生活中完全沒有意識到過的「東西」，連想都不曾想過，然而就這樣忽然出現在眼前。不過面對未知，我們一向充滿探索的好奇，尤其在知道確實有人這樣生活並受益時，我們也深信自己同樣有辦到的可能性。

這樣一則留言一下就打入了我們的內心，然後我們很快就跑去書店找尋相關的書籍，接著就一頭栽入少食的研究中了。

少食生活最主要的概念就是「餓了就吃、不餓了就停下來」。過去的我們理所當然在一般認知的三餐時段分別進食，亦即起床之後就吃早餐，中午十二點就立刻吃午餐，而晚上六、七點時吃晚餐，若半夜嘴饞再吃個宵夜也是稀鬆平常之事，因此從來都沒有懷疑過這樣的生活有什麼不對勁的地方，直到閱讀了好幾本少食相關的書。

既然進食是為了填飽肚子、消除飢餓，那為何我們總是在自己不餓的時候進食呢？又為何自己明明已經吃飽了卻仍選擇繼續進食呢？除了飢餓以外的理由，究竟進食的原因還有哪些呢？為了紓壓？為了打發時間？或是為了安撫自己受到委屈的情緒？哪些因素決定了我們何時吃、吃什麼與怎麼吃，甚至直接控制與剝奪我們對於飲食的自由？我們開始好奇這些問題的答案。

其實任何的飲食概念都沒有是非對錯，而是透過不同的經驗，讓我們逐漸發現到原來自己對於飲食可能已產生了某種固定思維，但我們卻完全沒有意識到，這讓當時的我們相當衝擊。就像還未踏入極簡生活之前，我們也覺得打扮得像個「女孩子」才是正確的生活方式。

我們很快的也進一步思考與懷疑，除了消費方式、飲食方式之外，或許我們還同時陷入了其他生活方面的僵固思維並失去了自由，但卻渾然不知，不過我們也沒有太過悲觀，接下來就打算先透過一連串的少食練習來測試與驗證，而且我們也相信當時間到了，自然會面對該要面對的。

其實市面上有許多飲食健康相關的書籍，且理論眾說紛紜，有些甚至對立衝突，因此我們根本難以辨別好壞對錯，最終我們便選擇自己當下感覺更為舒服且較有興趣的內容去行動測試看看，畢竟既然無法確定每個論點的真偽，還是只能透過自身的經歷去驗證，或許每個人其實適合的飲食方式也都不一樣呢！

我們後來也發現除了內心的聲音之外，身體也是有聲音和感受的，它會告訴我們現階段哪些食物吃了會感覺舒服、哪些則不會，然後有些食物吃完後腸胃就會感到不適，但有些食物吃完後身體卻能覺知到能量與活力，這是我們以往完全不曾細細感受過的體驗，就這樣在練習少食後，我們的意識似乎更加擴展了。

相較於極簡生活，少食生活對我們來說是更加挑戰的生活實驗，或許有兩倍之難也不一定，它是我們在創業之路後所發現的新鮮挑戰，接著我們就毅然決然的踏上了少食生活的探索之路。

# 「素食」打開味蕾新天地

在台中生活一陣子之後，正好媽媽在嘉義的房子裝修得差不多了，我們便想說可以過去幫她整理家裡，於是在離職三年半的時候，我們前往嘉義大林，又開始了新的生活。

來到大林小鎮後，我們又體驗到了比台中更靜謐、樸實的生活氛圍，並且很快就喜歡上這個地方。而過不久恰巧就碰上台灣爆發新冠肺炎疫情，於是我們也就這麼剛好暫時結束了游牧生活，隨後就待在媽媽家防疫，同時也讓家人安心。

由於疫情的關係，許多餐廳店家因應政策暫停開放內用，也讓原本只吃外食的我們決定開始學習在家自己煮飯，平時我們對下廚不甚熟悉，因此絲毫不清楚自己會需要用到哪些廚具，而就這麼剛好可以趁此善用媽媽原本就擁有的物品，而不需額外盲目添購，並能進行一番測試。

自己下廚之後，我們對於自己究竟吃進了什麼東西到肚子裡越來越清楚，也更加意識到身體的感受，並能重新思考如何掌握與選擇要讓什麼食材入肚，而這比管理物品更有挑戰，但也更有趣了。

回頭來看，媽媽家裝修、疫情爆發、餐飲店家暫停營業等意料之外的事件，都是為了讓我們踏上更加了解自己的旅程，並豐富了我們的人生。

住在純樸寧靜的大林小鎮的時候，生活步調變得更緩慢，我們開始花時間一起研究煮飯、做瑜伽、睡前靜坐、去大林鎮立圖書館借書、閱讀更多與飲食身心健康相關的書籍，於是疫情期間變成我們實驗各種飲食類型的階段，接著在某一本書的契機之下，後來我們也開始嘗試素食生活了！

也許有些人會擔憂吃素會營養不足，但在我們經歷過離職後的「各種擔憂」之後，「擔憂」已不再是我們生活的偏好。而實際上我們也並非單純因為健康、環保或愛護動物等動機才轉為素食，說到底，還是因為我們當下內心對此感到舒服，並且在這個時機點有種想體驗的心，於是我們就去做了！驅動我們採取某項行動的，往往是好奇心。

無論是極簡生活、素食生活、瑜伽生活，總是會有人支持，也會有人反對，各種意見與建議多如牛毛，因此我們忽然理解到任何生活方式或許並無對錯，只有個人是否合適的問題。

近年流行起來的極簡主義開始被誤會是有錢人才能實踐的，在這之前卻被認為是苦行僧般的生活，營養學似乎也不停在推翻自己，例如：斷食的概念也是近幾年才開始受到歡迎，而因為瑜伽姿勢不正確而受傷的人也不在少數。

彷彿任何的理由、任何的動機、任何的理論都可能出現破洞或是有站不住腳的時候，我們似乎不能適用一套完全統一的標準，甚至在不同階段也需要進行調整，因此推翻以前的自己是相當有可能的，於是我們也不再追逐百分之百正確的概念或事物，只要當下的內心感覺對了，我們就選擇不去違背自己的心。

當我們開始體驗素食生活之後，好像進入了以前從未見過的美食新世界，當時真的感到相當驚奇，不敢置信素食也能如此美味與豐盛，同時納悶自己以前在路上為何都不曾注意過素食店的招牌，現在的雙眼卻變成素食雷達。而以我們自身的經驗來看，素食比葷食更符合我們的味蕾，於是短時間內就造訪了許多過去從未享用過的美食，然後在味覺上獲得了十分豐富美好的體驗。如果我們沒接觸素食，就不知道原來料理可以這麼好吃。

在離職之後，雖然已經不再感冒或頭痛，但身體的腰痠背痛卻一直存在，我們一直認為必定是因為每天長時間固定坐姿與使用筆電的緣故。但由於實踐我們的熱情幾乎都得靠電腦，若要減少使用筆電的時間恐怕有難度，於是我們就只透過維持瑜伽的習慣，來舒緩緊繃的肌肉與身體。

先前在我們熱中於素食美食嘗鮮的時候，便常常跑去市區找尋各式素食餐廳和小吃，通常只要在網路上一看到美食相關的介紹圖文就躍躍欲試，然後立馬安排到隔天的行程中，效率之高，當時可以說幾乎每天都在吃好料的，而且吃得不亦樂乎！

當然也有可能是因為前段時間疫情爆發，長時間待在家裡被悶壞了，於是解封之後，我們就拚命補齊各種美食，不過還好之前持續都有帶著意識來練習少食生活，因此每次進食的時候，我們都會觀察身體的反饋，若是認為不適合的食物則日後就不再碰。

我們就這樣一邊放寬心品嘗各種美食，一邊練習深深覺察，然後好像也漸漸發現許多美食大同小異，味道其實非常相似，於是對美食的欲望似乎開始慢慢被滿足了，同時也發現自己對各類食品越來越挑剔，只要不夠好吃或是吃了身體感覺不佳的食物，我們就選擇暫時不吃下肚。

這其實跟極簡生活十分類似，我們過去也曾經買了一堆衣服、保養品、書籍、3C用品等，而當自己買夠了、體驗多了，並了解到物品的本質後，就會發現自己對理想的物品越來越有一定的要求，若是太差的產品則同樣買不下手。

外食吃了好一陣子之後，我們漸漸不喜歡外食過度的調味，並覺得鹹味和甜味破壞了原本食物的風味，然後我們就常常興起「如果這個東西不要加鹽或加糖一定會更好吃」的念頭，於是後來我們又開始自己下廚了！

透過持續覺察生活與自身的感受，不論是消費物品或是購買食物，我們都能越來越清楚適合自己的選擇是什麼，自然也不需要勉強自己去克制欲望，甚至規定自己必須不買或不吃，如此一來，生活的阻力將會越來越小，我們也會越來越成為那個喜歡的自己。

# 體驗到什麼是真正的健康

面對飲食，我們一路以來的選擇往往是基於「好不好吃」，而不是「健不健康」或「營不營養」，畢竟難以下嚥的食物不太可能可以長期食用，而自己喜歡吃的食物也無法說停就停，加上健康和營養的標準很難定義，就算真的有判斷基準，但食物的採買、保鮮、管理、烹飪工具與料理做法等，每個環節都是大工程，又有多少忙碌的現代人能夠讓每一餐都符合規定，同時不浪費半分食材與金錢？像我們就毫無辦法，於是我們決定，每個當下都選擇自己覺得好吃又吃得開心的任何食物，但同時仔細觀察並感恩手上的存在。

我們發現有些人可能對自己的外表感到自卑、在意他人的眼光，或是執著體重計上的數字，於是勉強自己少吃，或是只吃某類特定食物，卻忽略了自己身體的聲音，往往結果不盡人意，最後又不小心吃進自己情感上不想吃的食物，而落入惡性循環。

由於我們起初是先接觸極簡生活，對於物品整理有深刻的體悟，而這樣的理念應用到飲食生活上也相當合適，並幫助了我們許多。勉強自己少食就如同勉強自己斷捨離心愛的物品，或是執意限制自己不去進行令人怦然心動的購物行為，最終都會讓自己過得十分痛苦，也一點都無法得到理想的成果，因此心態的調整與轉變比具體行為模式更加關鍵，而生活的各個面向竟是如此一致。

之所以會被特定物品或食物所吸引，然後引起煩惱與痛苦，我們的想法是，它要讓我們在這件事情上有所學習或反思，例如：當初購買了令自己感到心動的衣物，但之後卻不再穿它，可能就是為了讓我們認識與明白自己適合的穿搭風格或材質；當初吃下了自己很想嘗鮮的食物，但卻胃痛或拉肚子，可能就是為了讓我們發現與了解適合自己的食材或調味方式；當初遇到了一位心動的對象，但最後卻磨合不了彼此的理念，可能就是為了讓我們意識到自己深信的價值觀與生活方式。

我們相信真正的健康是「自己決定的健康」、「自己選擇的健康」，

有些人吃肉很健康、有些人吃素很健康、有些人則是只吃水果就很健康，甚至有些人長時間不進食也很健康，因此或許並沒有特定的飲食生活方式比較健康，甚至是適用所有人。只要慢慢去聆聽自己身體真實的聲音和覺察身體細微的變化，並透過不斷親身測試、調整和驗證，然後找到自己當下舒服的飲食生活方式，同時接受隨著時間又不停變化的可能性，我們認為那就是「所謂的健康」，而這個動態過程也非常有趣與值得。

吃得多就會變胖或吃得少就會變瘦不一定是正確的、每天都要吃三餐不一定是正確的、早餐一定要吃不一定是正確的、吃紅肉對身體有負擔不一定是正確的、吃素會營養不良不一定是正確的，以及每天都要攝取蔬菜、蛋白質和澱粉不一定是正確的，每天都要攝取大於基礎代謝率的熱量不一定是正確的，任何醫生或營養師的觀點都不一定是正確的。若我們去統整所有的專業建議，並試圖歸納出一致的解答，可能是非常困難的。

既然如此令人糾結，於是我們決定當下若有想吃的食物，就開開心心去享用，不刻意去追求特定且不變的飲食內容，而在歷經了兩年的飲食生活實驗與觀察之後，現在的我們有時候去吃素食餐廳、吃個小吃，有時候自己下廚，而有時候只吃些水果，甚至有時候只喝杯果汁，然後感恩我們竟有如此多自由的選擇，同時還發現自己每天身體想吃的食物也都不太一樣，生活真是有趣極了！

我們透過閱讀和生活實驗，發現了各種飲食生活的可能性和豐盛，進而放下了許多對於飲食、營養和健康思維的框架。繼極簡生活之後，少食生活也拓寬了我們人生的視野，並豐富了我們的生活。

雖然無從判定我們的飲食觀是否「正確」，但在實驗一段時間之後，我們感受到身體越來越輕盈、越來越有活力，思緒也更清晰，甚至起得更早，而且在睡眠時間變少的情況下卻睡得更好、更飽，我們變得能夠在身體該睡的時候順暢入睡，起床之後也很快就有精神開始工作，且長時間工作下來，身體也更不容易疲勞或產生痠痛，這是我們人生到目前三十三歲以來體驗到最健康的感受。

實在很難想像以前的我們常常凌晨才睡覺，而張開雙眼時已經是下午了，甚至睡得再久也感覺不夠，還會越睡越累。然後一整天工作下來，身體就會開始腰痠背痛，再加上吃飽後就昏昏沉沉，生產力低落，因此每天其實也無法工作太久。半夜爬上床後也常常思緒雜亂並且總是做夢，於是需要蠻多時間才能逐漸恢復精神，重新再投入隔天的工作。

面對這樣的困擾，我們之前還曾經上網研究自己的紫微斗數命盤，結果發現原來我們在「疾厄宮化忌」，因此容易頭腦思緒太多、晚上無法輕易入睡，而長時間作息不佳、日夜顛倒的情況可能導致肝脾問題，然後當下有種這就是我們人生課題的感覺，沒想到我們後來是透過飲食而改變了作息。

我們也體悟到只要認真覺察當下，並隨時積極調整生活，其實自己就能改變命盤上的預設命運。

自從睡得更好，也睡得更少後，我們有了更多的自由時間，就在離職之後的第五年，我們居然開始提起新的興趣，布蘭達嘗試撰寫小說與學習鋼琴，維尼則提起畫筆並學習電繪，其實納入新事物與培養興趣習慣至我們的日常生活中，需要更多的時間與自主意識，而剛好就在此時我們與「汁食／果食生活」相遇，實在很感謝這份禮物。

對我們來說，少食不再只是一種「飲食方式」，而是一種「思維方式」，怎麼吃、吃多少、吃什麼都不是重點，如同極簡生活一般，一個人擁有什麼物品、物品數量多寡、買不買東西都不是重點，關鍵在於我們的想法或信念是否已經被綁架、幸福感是否有變低，若答案為肯定，或許我們可以考慮嘗試轉個方向，畢竟我們所希望的生活應是比起以往更加自由、開闊而滿足！

人生走到這裡，我們覺得自己或多或少掌握了身體上的自由，而這種感覺是如此美好，我們猜想這可能就是健康的滋味！當然我們還會繼續實驗與觀察下去的。

# 走上「人際關係自由」之路

## 家人從不支持到支持

不論是整理自己的物品，還是開始練習運動、調整飲食，這些都是自己一個人就可以辦到的事，但是一旦牽扯到「人際關係」，似乎很多人就容易舉雙手投降了。

人際關係的確是生活中最高難度的修練，我們也因此相當痛苦過，但不將核心問題解決好就渾身不舒服的我們仍然決定正面迎戰，事實上，挑戰越高、收穫也越大！

我們當初向家人坦白自己想要離職創業的時候，他們的反應其實就跟大多數愛子心切的家人一樣，不免有許多擔憂。難得我們有份穩定的金融業工作，還有什麼會比這更好且更需極力保有的生活？於是大家相當擔心我們無法過著安穩快樂的生活。

其實當時的我們內心很痛苦，即使努力想要傳達給家人這份工作帶給我們很大的不適感，但家人難免會認為我們只是太年輕、抗壓力不夠，加上其實每個人上班、工作本就辛苦，因此我們也應該盡力吃苦，無一例外。

我們很愛我們的家人，也不希望他們為我們擔憂，但同時我們也不想就這樣委屈自己，然後犧牲自己更渴望的人生，因此在離職的第一年，我們其實沒有馬上告知家人，一直等到整理師接案的情況比較穩定之後才敢坦承。

還記得最初碰到第一個農曆過年時，我們是沒有足夠的存款給家人紅包的。那時候真的是我們人生中感到最丟臉的時刻，一來是無法表達我們對家人的孝敬之心，二來也表示我們的創業還沒有太大的起色。

不過溫柔的家人什麼也沒說，也沒有要求我們放棄離職這件事，反而靜靜的尊重我們的選擇，希望我們開心就好。於是那時我們便決心一定要更加努力創業，且必定要在第二年給予他們大包的紅包。好在這樣羞恥的經歷只有體驗這麼一次。

後來家人也時常詢問我們創業的狀況，我們也努力跟他們說明自己的工作內容與項目，無奈整理師的接案、線上諮詢服務以及撰寫付費文章的經營模式和一般工作的型態很不一樣，因此每次解釋完，其實家人仍然一頭霧水，依舊搞不清楚我們到底在做什麼，甚至每次再次聊到時又完全忘記我們的工作內容，也總覺得我們自己好像也說不清楚的樣子，於是對我們的擔憂之情似乎也一直無法真的放下。

直到我們穩定的開始拍攝 YouTube 影片，透過具體的影像看到了我們在做什麼、說什麼，以及腦袋在想什麼之後，感覺家人無形中漸漸放下對我們的擔憂，甚至開心的表示他們是我們的忠實觀眾。

我們真的很感謝 YouTube 平台，讓我們可以省去拙劣的口才，就能清楚的向家人呈現我們的工作與生活狀態，現在家人還會跟我們分享他們何時看了我們最新的影片，甚至會看完廣告，來幫我們增加收益。

## 和媽媽走向互相理解

我們也慢慢察覺到，家人間之所以彼此的想法無法產生共鳴或是相互理解，僅僅是因為沒有說開，而且是以柔軟的方式交流。

我們也曾經感到難過，並氣憤為何家人無法理解我們的痛苦，甚至希望我們繼續待在所厭惡的職場中，當時的情緒和想法既複雜又混亂，無力感竄遍全身。

後來我們漸漸明白，每個人都會經歷痛苦、都會犯錯，也都有自己人生的難題，即使是無條件愛我們的家人也是，但我們往往不小心就將高標準投射在自己周遭親近的人，然後要求他們必須做出符合自己期待的樣貌。

我們總是認為父母就該「愛」我們，並做出「愛」的行動，否則就不配當父母，兄弟姐妹也應該要有兄弟姐妹的樣子，主管也該要有主管的樣子，同事也得要有同事的樣子，伴侶更要有伴侶該有的樣子，否則我們就會將自己的情緒往他們身上一倒，而他們也不該有怨言。

我們一出生其實是給住在台中的姨嬤扶養，媽媽則在台北獨自工作賺錢，相當不容易。我們一直以來和媽媽的接觸不多，常常僅透過電話聯繫，彼此之間不甚熟悉，反而和姨嬤和媽咪（阿姨）的關係比較好些，學生時期來參加我們畢業典禮的都是姨嬤和媽咪，於是那時候我們認為媽媽不是很關心我們，好像沒有「媽媽的樣子」。

不過在接觸了許多心靈相關的書籍，然後也實踐了自己想要的生活之後，我們驚覺除了感謝媽媽把我們生出來，好讓我們可以去體驗這個有趣的世界之外，其實每個人的人生都是自己的，我們有我們想過的生活，我們的媽媽當然也會有她想過的生活，因此沒有誰需要去變成什麼特定模樣。媽媽根本不需要成為「媽媽的樣子」，她只需要成為她自己想要的樣子就好，而我們也是。

再者，家人之所以會讓我們感到痛苦，正是因為我們很愛他們，並且在意他們的感受而產生這樣的情緒。也正是因為這份痛苦，才會激起我們想要積極面對與家人間的關係。

我們還曾在靈性書籍中看到這樣的概念，只有在與家人的關係和諧之後，我們的人生才有可能變得更加順利，於是我們猜想如果連這個大關卡都能通過的話，未來再遇到任何問題也是小菜一碟吧！若能和自己最為在乎的家人和平共處，維持良好的關係，還有什麼人際關係會無法處理呢？

雖然很多書籍都有提到這樣的概念，但實際上做起來的感覺又是如何呢？

我們在大林開始慢慢練習與感受與媽媽一起生活的感覺，剛開始住在同一個屋簷下還是有些尷尬與不熟悉，並且害怕自己不小心開口說錯話，不符媽媽的期待，而讓氣氛變得奇怪。那時的我們常常緊張兮兮，總是在腦袋中反覆忖度合適的字詞來和媽媽對話。雖然當時煩憂不斷，不過想要讓彼此關係更融洽的心，讓我們繼續堅持下去。

我們心想，若渴望以自己真實的樣子輕鬆愜意的與媽媽互動，就不能一直維持過去「兒女的樣子」的心態，或許當初任性離職的決定多少讓我們對媽媽感到抱歉，便試圖在她的面前建立乖巧順從的形象，但這反而讓我們渾身彆扭，無法自在表達自我，於是我們開始試著讓媽媽看見我們實際的日常生活。

我們鼓起勇氣直接在客廳使用筆電工作、拍攝影片，甚至進行直播，與觀眾互動、回答大家的問題，讓媽媽清楚看見並了解我們平時最真實的工作模樣。我們也在她的面前如常一起床就先做瑜伽、靜坐，接著去早市買菜，下午就下廚煮飯。媽媽似乎開始看見原來我們是十分認真在照顧自己的身體、認真工作，並且有自己的生活想法，後來我們也跟媽媽分享工作上遇到的趣事、觀眾給予的有趣留言，還有目前工作上遇到的挑戰等，然後對於和媽媽聊天交流，越來越覺得放鬆下來。

此外，我們也會向媽媽主動提問，關心她和朋友間最近發生的事情，或是一起討論佛經上的內容，我們發現媽媽其實不太會主動分享自己的生活與私事，但自從她看見我們在直播中侃侃而談，並相當有自信的回答觀眾所提出的生活問題後，沒想到她也來詢問我們人際關係方面的意見，讓我們受寵若驚。

由於媽媽很喜歡佛學，於是我們常常選擇她有興趣的主題來聊天，而這種方式真的能夠快速提升彼此的感情，媽媽感受到我們尊重她的生活選擇，我們也感受到她尊重並支持我們的生活選擇。每個人都有各自的理念與價值觀，也都需要被接納與肯定，從我們願意展現真實的自我並接受媽媽跟我們一樣同為人，無私的愛就在我們之間揚起。

和媽媽多聊後，我們自然也開始更了解她的個性、想法和對不同事物的反應，以及佛教對她的重要性，於是坦然接納與支持她所有的樣子，而同時媽媽也更清楚我們對工作和生活的熱情，再加上她都會觀看我們拍攝的 YouTube 影片，於是能更加理解我們。有時候我們一起拜訪媽媽的朋友，並被問到目前的職業時，媽媽還會主動拿起自己的手機秀出我們的影片頻道。

有些人不敢直接面對面與家人分享內心話，若透過文字訊息、手寫信或是影片等間接的方式，似乎也是不錯的選擇。

想讓他人理解自己真的是一件高難度的事情，尤其在總有預期心理的家人之間更具挑戰，我們也曾經認為這是不可能的任務，但有心仍然辦得到。

如果家人彼此之間沒有一起經歷過一段互相溝通的辛苦過程是不可能理解彼此的，也就不可能達到無條件支持對方的狀態。越是痛苦，越是甘飴；越是逃避，越是痛苦。痛苦的另外一個名字就是幸福。

更巧的是，我們來嘉義大林的時候剛好開始練習吃素，於是長期學佛並吃全素的媽媽看到我們的轉變也很開心。雖然我們不是因為宗教信仰而選擇吃素，但沒想到嘗試聆聽內心聲音的結果，便是生活阻力更小、更順暢了！後來我們嘗試每天只吃水果的飲食實驗，結果媽媽也完全沒有反對之情，甚至聊起哪位出家師父也是少食長壽，於是表示認同。

雖然我們只在嘉義大林住了一年多，後來就跑來台中自己租房子，但是這段期間讓家人更了解我們，而我們也更了解家人，就這樣我們的關係變得更自然、更和諧，即使沒有常常面對面見面，僅透過通訊軟體彼此聯繫，但我們都知道對方過得很好，且對方正在過著屬於自己的理想生活。

從那時起，我們總算不再擔心家人對我們的現狀一知半解，也不再害怕家人會擔心我們，甚至我們也不再擔憂家人的狀況，而這真的是我們兩、三年前無法想像的事情！我們只想感恩家人對我們的一切包容與呵護。

我們也曾看到許多人與家人陷於痛苦的關係之中，尤其是父母與伴侶，而我們猜想最主要的原因是自己不被對方理解。事實上，除了自己之外，沒有人真的可以對自己的痛苦感同身受，甚至其實也沒有必要去理解或承擔我們自己的痛苦，那終究是自己無中生有的。

當家人反對我們，或是對方反應不如我們預期，其實都是因為我們自己先「預設某種期待」，並認為對方「應該如何」才會是「正確」的，於是往往想不到，「錯的」也有可能是我們自己啊！

我們單純以邏輯來推敲，在人際關係中，沒有人不喜歡一個人用真誠、溫和的態度，並保持微笑的回應自己，如果我們在對待任何一個人時都能溫柔的傾聽、平和的說話，且時常向對方露出溫暖親切的微笑，如此不會再有不能溝通的問題。因此我們也覺察到解決人際關係的煩惱不在於「事情」本身，而在於我們處理事情的應對方式或態度。

其他人就算了，若用這樣的態度還不能融化家人，那可能就是上輩子真的欠對方太多了，不過還是在這輩子多還一些吧！哈哈！

家人也是普通人，和我們一樣有許多煩惱與痛苦，因此絕對不是不支持或故意反對我們。如果真的遇到不理想的狀態，就代表我們自己的處理方式和態度仍有需要調整的地方，這將是我們進行自我反思的絕佳時機，由於面對家人之間的矛盾或衝突，僅僅是每個人在成為自己的過程當中必經的關卡而已，與是非對錯完全無關。

當自己的心態轉變了，家人就隨之也變了。我們身邊周遭的存在其實只是反射我們自己的鏡子，於是我們後來發現生活的痛苦原來完全是自己的問題。若只是自己的問題，那就更好辦了！我們只要調整和改變自己就好。

從創業的歷練當中，我們先是學習放下對工作的成果、收入或獲益的特定「預期」，接著從與家人相處的磨合當中，學習放下對理想人際關係與互動的特定「預期」，而當我們慢慢放下這些枷鎖以及僵固的思維和心態，生活頓時就變得輕盈、自由、順暢了起來。

# 雙胞胎姐妹的相處

很多人羨慕我們雙胞胎姐妹關係親密、感情好，彷彿我們天生幸運才遇見彼此。或許也有人自行斷定我們從未吵過架，但試問兄弟姐妹從出生就感情和睦的例子真的存在嗎？

我們兩個人從小吵架到大，在我們離職之後的三年之間也是沒少吵過，甚至也曾經有過不在一起生活的念頭，這對於很多 YouTube 的觀眾來說似乎有些難以置信。

老實說，我們兩個人也是在簡單而平靜的大林小鎮生活後，才開始修練彼此的關係，就在處理和媽媽的關係之前不久。

我們認為之所以彼此變成了雙胞胎姐妹，就是因為我們兩個人剛好都是屬於硬脾氣，於是就湊在一起互相修練。

我們一直以來對於事情的邏輯性和合理性都是十分講求與在意的，並且沒有什麼耐性，凡聽到對方的論點有失邏輯，就極度想立刻糾正對方，甚至不講到對方承認自己的說法有漏洞就不善罷甘休。不過常常一方講贏了也沒有比較開心，徒增了個心累，但我們還是屢試不爽，依舊嚥不下要拚個輸贏的那口氣。

一個人的個性本來就不可能一朝一夕改變，後來由於我們持續練習覺察生活、覺察飲食與覺察情緒，然後每當兩人又爭論得臉紅脖子粗的時候，也越來越感受到那股越發清晰的負面情緒，我們很清楚自己一點也不喜歡這種被拽住的感覺，於是我們更加正視這個反覆不斷的習性，接著我們都有了想要澈底解決這個狀況並找出核心問題的想法。

首先，我們發覺關鍵可能在於「我們對自己的論點過於自信」，絲毫不認為自己有可能出錯。不過起初嘗試要改掉「自己一定是對的」的念頭時，老實說非常困難，一開始還是難免想為自己爭取一下，但馬上又接收到對方給予自己很不客氣的反應，於是心中的那股氣常常降不下來。

有不少觀眾見我們姐妹總是和平共處便向我們提問，在和家人吵架的時候，往往自己立刻就會有股火氣衝上來，然後克制不住口出惡言，如此無法控制自己的狀況，該如何是好？

一開始我們也質疑那樣火燒般的情緒怎麼可能有辦法消失，畢竟對方說話就是那麼難聽，想要不生氣根本不可能啊！隨後又陷入永遠錯在對方的漩渦之中。

在我們閱讀一些心靈相關書籍後，顯然眾多作者表示這是可行的，既然確實有人辦得到，於是我們便不再相信自己辦不到。

我們試著說服與洗腦自己，如果又再度被對方的言語刺激到內心，且怒火一發不可收拾的話，勢必就代表自己一定還是多少以「想要贏過對方」或「想證明自己才是對的」的心態與對方對話，而為了不再被過去同樣的負面情緒所籠罩，於是開始選擇儘可能提醒與反問自己，「我是什麼咖？」「憑什麼我一定就是對的？」「萬一我是錯的，不就平白無故傷害了對方嗎？」「爭論這個真的有必要嗎？我能夠得到什麼？又會失去什麼？」「萬一對方才是對的，我卻一直說他是錯的，那對方不是感覺很糟嗎？我是不是一直都讓對方的心情很糟呢？」「明明對方是自己重要的家人和工作夥伴，為什麼要讓對方感到不舒服呢？」「就算對方是錯的，但他只要能夠開開心心的，我也開開心心的，這樣難道不是更好的狀態嗎？」「究竟如何判斷是非對錯？又是否真的存在是非對錯嗎？如果有，好像它不能讓我獲得快樂？」

當然這真的需要靠長時間的練習與持續思考，如同整理物品、調整飲食和培養運動與興趣愛好一樣，透過持續調整、測試以及自省檢討，並提醒自己不去批判自己緩慢的進度，忽然之間真的就能辦到了，甚至比自己料想的還更早達到，某天在怒火爆發之前，就先一步意識到自己當下的狀態，也越能夠只看見並感恩對方的優點，而忽略其缺點，畢竟自己確實也非完美的人。

# 彼此都自在滿足，才是好的人際關係

前陣子我們在 YouTube 頻道分享日常生活的日更 Vlog 影片，有些觀眾看到我們某幾天吃得比較清淡，便擔心我們的營養不夠均衡，希望我們改善飲食內容；也有些觀眾表示，我們除了和家人相處，似乎都沒有與其他朋友聚餐約會，於是好奇我們平時都如何處理與其他的人際關係。

世界上彷彿有許多「重要的事」不得不做，例如：飲食必須維持均衡營養、定期必須鍛鍊身體、平時需要維持居家整潔、皮膚頭髮必須打理保養、時時需要記錄生活反思自己、定期必須要與親朋好友相聚培養感情、未來一定要找到自己的靈魂伴侶、生活必須要記帳存錢、未來必須要事先縝密規劃、夢想必須要能實現、下班後必須要培養興趣與良好習慣等，真的有那麼多的事情都如此「重要」嗎？更多的問題隨之就來了：

這麼多的事情該要如何分配時間？

每件事情的重要性有程度之分嗎？

每件事情都該做到嗎？不做會如何？

自己真的有能力做到所有事項嗎？做不到該怎麼辦？

如果都能做到，該要先做哪一項或哪幾項？還是全部同時進行？

重要的事情就只有這些了嗎？是否還有自己沒考慮到的呢？

有沒有「做一件事情就什麼都做到了」的可能性？

我們在實踐少食生活之後，所需的睡眠時間逐漸變少，從原本八至十小時縮短至六至八小時，一天之中可以拿來運用的時間比以前增加了許多，但我們仍然無法做到大家公認的所有重要的事情。

除了從事自己所熱愛的工作之外，剩下的時間和餘力，我們還可以做哪些事情呢？

如果想要培養一個新的興趣、技能或習慣，平均每天可能需要花上一至兩小時來學習。目前維尼正在學習畫漫畫，布蘭達則正在寫小說和學鋼琴。而我們在實際開始練習之後，的確發現需要這麼多的時間，因此建立一個工作以外的全新技能或習慣真的不是很容易，需要投入一定的時間和精力，否則就真的只是圖個開心，跟直接放棄無異。

我們也發現自己在一天之中若打算另外搜尋營養食譜、採買食材並下廚烹飪的話，就會變得更加吃力，在實際生活測試過後，只要我們當天自己煮飯，可能就比較沒時間練習畫畫或彈琴，或是部分工作項目就要改為明天再做了。

除此之外，如果當天剛好比較早起，然後也順利完成了工作、學習了畫畫，甚至煮了一頓飯，但若要再打掃家裡、保養臉部和身體肌膚、觀看娛樂影片，甚至再研究一下退休保險計畫，難度就真的太高了！

所幸我們的居住空間不大，物品項目與數量也在自己可接受的範圍內，每次清潔環境用不到十分鐘，空間也不至於亂到需要經常整理，對於保養肌膚與化妝打扮並無太大的興趣，只選擇用清水進行清潔，而理財保險和退休規劃的研究也讓我們提不起勁，因此生活沒有過度超載。

對目前的我們來說，最重要的就是透過創作來表達自己，然後好好生活並製作影片和文字，來貢獻一點點的我們給這個世界，因此拍片和寫作就是我們生活中首要的事情，而畫畫和小說也分別成為維尼和布蘭達的重要興趣，這是因為我們想要鍛鍊出新的自己，而每天都能看到自己一點點的進步，便是內心感到幸福的關鍵，我們也期待將更不一樣的自己帶到這個世界。

一旦清楚對自己而言最重要的事情之後，生活就有了重心，採取的各項行動也有了依據。

為了維持每天的生活空間都整齊乾淨，於是我們選擇住在小空間裡，然後慎選帶進生活中的物品，並確認與檢視自己實際使用時的狀態，於是便能花費越來越少的心力在維護居住品質。

為了要維持健康的飲食生活，比起花時間研究密密麻麻的食材種類與各種營養素的最適攝取量，或是提醒自己到各大通路購齊與隨時補充各類營養保健食品，我們選擇了聽從自己身體的聲音，並讓它決定每個當下希望進食的內容，然後再好好觀察身體的反應，若是吃了之後感到不舒服，隨時都能彈性調整。

為了要每天維持身體具有充足的活力與舒展，比起上健身房或是選定週末一整個早上去爬山或運動，我們選擇了在家裡跟著 YouTube 上的老師進行瑜伽練習。僅僅在每天起床及睡前各花十五至二十分鐘的時間來活絡筋骨、釋放壓力，外出時則儘量步行和騎共享腳踏車，如此一來即使不用特別騰出完整的運動時段也能定期活絡身體。

為了要擁有人際關係的緊密感與真意，我們選擇了只將時間花在家人與我們的觀眾讀者身上，而捨去了原本既有的同事朋友圈，家人對我們而言是最重要的關係，由於人生苦短，因此與其參與只是和朋友純聊八卦的飲酒聚餐，我們更希望將時間花在愛我們的家人身上，所以每一至兩個月，我們就會回老家住一週，並和家人共度美好的時光；觀眾與讀者則是給予我們認識自己與表達自己的機會，讓我們相當感恩。

最終我們認為真正理想的人際關係是彼此都能自在的做自己，即使不常見或互相不認識也能幫助到對方，並能因為對方的存在而感到安心。

有人也曾提問過，難道我們不想談戀愛或是結婚嗎？

我們兩人過去都曾經體驗過長達八至十年的美好戀愛了，而目前這個當下並沒有對於再次進入一段感情關係特別有興趣，也沒有需要他人照顧或呵護的需求，更沒有需要看帥哥保養眼睛，實際上，兩個人的緣分不是自己可以主控的，也無需勉強。

不過最大的主因是我們認為之所以會被另一個人吸引，也許是在對方身上有我們需要學習的功課，其實就如同與家人間的關係以及姐妹間的關係，需要透過另一個人做為鏡子以檢視自己的個性、脾氣與價值觀，而我們覺得自己在感情方面已經學習夠了，並且對這塊領域已無熱情，因此暫時就決定不再將這一塊納入目前的理想生活中。

至於理財保險、投資規劃的重要性對我們來說就相對較低了，除了單純因為興趣而喜歡進行這些規劃，或是擔心未來生病無力工作而支付不了醫療費及日常伙食費之外，我們實在想不出這麼做的其他理由。

由於我們不喜歡因為「擔憂」而去做一件事，而是喜歡因為「享受」而去做一件事，因此像是擔心沒錢而賺錢、擔心生病而進食、擔心被討厭而經營人際關係、擔心變醜而保養自己，這些我們都不喜歡，所以都捨棄了！

如果有那麼多重要的事情需要去擔憂，但自己卻無暇顧及、分身乏術，那不如就只做當下喜歡的事情吧！如此一來，就不用「擔憂」以後沒有機會做了。

# 走向「心靈財富自由」之路

## 心靈自由，便什麼都自由

如果在工作方面，自己能夠持續去做當下內心真正想做的事，即使遇到困難也積極面對、甘之如飴；在身體和精神方面也儘可能時常讓自己保持輕盈、健康，若聆聽到身體發出了警訊，就隨時進行調整；在家人和人際關係方面也努力朝向維持和諧與平靜，只要把握時時刻刻尊重與包容他人，便能換得美好舒適的關係，而當工作自由、身體自由、關係自由、時間自由、心境都自由的時候，財富還能不自由嗎？

有些人會決定先以財富自由為首要目標，而理由很簡單，一旦財富自由了，便能毫無擔憂與顧忌的去做任何自己想做的事情；一旦財富自由了，便不用擔心病痛或老年時須負擔的各種醫療保險費用，還能吃遍各種「貴鬆鬆」的頂級保健食品補充身體營養；一旦財富自由了，即使家裡物品繁多雜亂，也能直接請專業人士到府處理，瞬間就能讓家裡再次變得乾淨整齊；一旦財富自由了，便能買得起一間好房子，實現居住自由；一旦財富自由了，就能擁有更佳的擇偶條件，伴侶也不會離我而去；一旦財富自由了，家人就不會再擔心自己，並能讓家人感到很有面子；一旦財富自由了，許多瑣事都能外包出去，自己可以運用的時間就能變得更多，也會更加自由；一旦財富自由了，必然會幸福快樂，不再憂愁了！

其實優先追求財富自由的生活方式也不錯，但似乎有些人會誤以為只有「這唯一方法」才能實現自由人生，不過其實這個世界無限廣闊，只要稍微仔細觀察，便會訝異於來自世界各地的許多人都早已活出既特別又有趣的生活，因此實現自由的人生可以透過各種形式，只是我們誤以為自己沒有選擇。但人生很短也很長，若能盡情探索自己與體驗生活，最終尋覓到「專屬自己的獨特方式」，此生便無憾。而不論當下選擇了哪一種生活方式，只要是由自己所做出的選擇，那便是「自由」。

# 如何不擔心錢？

雖然我們在經歷存款歸零之後比較不再擔心沒錢，但我們也並不認為只要一直做自己喜歡的事就必定會持續有錢。金錢其實比較像是個副產品，而非生活目標。我們秉持活在當下的生活理念並不等於「有錢」，而是代表「不擔心錢」。人生與其要消除「沒錢的狀態」，我們更想消除「沒錢的擔憂」。

無論是有錢或沒錢的狀態，我們都只需要將其視為當下必要的經歷，為的是能讓自己從中省思與學習。只要能夠藉此獲得新的體驗和靈感，並成為下一個旅程的契機，那便是一個完美的經歷。尤其在我們多次體驗過有錢和沒錢的生活之後，更有這樣的體悟。

我們觀察到當金錢流往我們身上時必定有其原因，從過往五年的經驗來看，我們賺進的收入基本上常常又會以另一種方式支付出去。例如：金融業的高薪工作讓我們花掉不少消費在大餐、醫療保健和休閒娛樂等項目上；創業賺錢後也開始踏上游牧生活，並支付較高的旅宿費用。收入高，支出也容易較高，但也可從中看出當時的自己在有錢時最為渴望的事物。然後我們漸漸發現，收入多時也未必代表穩定的生活，而是有可能新的體驗即將要發生了！

當有收入流入的時候，我們並不會感到特別高興，反而會這麼想：「難道接下來又要準備體驗什麼新奇刺激的事情了嗎？又要進行什麼類型的消費了呢？」

有趣的是，如果我們帶著恐懼去賺錢，或者帶著擔憂來存錢，金錢很有可能就會流往我們所不希望看見的購物欲、美食欲、投資欲、醫藥支出等。而當我們帶著正面的情緒和金錢相處，金錢絕對會流往我們，並在合適的時機點出現，好讓我們有足夠的資源去學習與體驗人生。

假如我們的人生課題是要學習如何面對衝動購物和雜亂無章的生活，

那我們絕對會有足夠的金錢可以亂買。就像我們大學時期總有辦法每週出去逛街買衣服、吃大餐，於是我們有了機會去發現自己購入的衣服久久沒穿，或是認識到自己適合的穿衣風格，然後從中有所學習，但如果沒有錢，這件事就無法成立。

假如我們的人生課題是要學習不起貪念與亂投資，那我們絕對會有那四十萬元去投資平台創業，然後再讓我們全數損失掉，但如果我們一開始就沒有那四十萬，也就根本無從虧損、無從學習！

假如我們的人生課題是要學習少食與覺察自己的飲食，那我們絕對會賺到足夠的金錢讓自己可以每週吃大餐、每天喝飲料、每次吃到撐、吃到拉肚子或腸胃出問題，這樣我們就有機會學到這件事，但如果沒錢，這件事同樣無法成立。

這樣看起來，我們有必要一直追求更多的金錢嗎？

在經歷過這些體驗之後，我們就抱持著任金錢自然流動就好的想法，而我們就專注在自己想嘗試的事物上，每當金錢開始流進或流出，我們都能有新鮮有趣的生活，有時也會有比較辛苦的地方，但透過認真去面對、克服，然後自己又因而成長改變，這樣的過程十分美好。

我們的金錢觀於是逐漸變成了這樣，當遇到更多的金錢就代表更多的學習機會，而更少的錢也會有更多不一樣的體驗，兩者都很棒。所以不需要去追求任何一邊，只要順其自然，活在當下，這樣的生活讓我們感到更輕鬆、更簡單、更自由！

## 拓展新興趣，收入再次銳減又增加

我們在大林住了約一年之後，內心又開始蠢蠢欲動，然後又想往外跑了，雖然住在媽媽家可以不用支付租金，更加省錢，但我們依然想要聽從內心的聲音。

在離職之後的第五年，工作、身體健康以及與家人的關係等方面都有所改善之後，我們意外的開始發展其他個人興趣，頓時生活又變得豐富起來。我們更加頻繁的記錄生活、撰寫文章、投入興趣之中，於是在減少發布影片的情況之下，YouTube 的收益便開始下滑，但是即使如此，我們還是想要繼續寫小說、學畫畫，絲毫不想放棄這些美好的時光。

剛好就在這段期間，我們的身體似乎想要吃得再更簡單、更輕量，於是我們也更頻繁的嘗試果食和汁食，因此在某種程度上，日常伙食花費也不算太高，而即使 YouTube 收益已經下滑至每月兩萬元，也沒有影響我們維持生活的滿意度，我們一樣是想吃什麼就吃什麼、想去咖啡廳就去咖啡廳、想去看電影就去看電影，理想的生活仍然落實於每分每秒。

因此我們發現當自己全心全意的投入生活、認真的好好生活，既不去委屈自己，也不去勉強自己，生活仍能順暢運作，身體狀態也會同步性跟上，因此我們無需花費心力去過度「擔憂」。

再後來我們又發現少食、果食的實驗讓我們的精神狀態越來越好，身體的肌力和柔軟度也越來越好，尤其讓我們的睡眠狀態達到前所未有的良好品質，甚至一下就讓我們從夜貓子直接轉成晨型人，而在這不久前，我們的作息還是「凌晨三點睡、下午一點才起床」的狀態呢！

由於我們在前段時間有每天記錄維尼學習畫畫的心路歷程和練畫作品，除了記錄自己的學習狀況與進度之外，也想要鼓勵希望培養新技能或興趣的朋友一同修練成長，結果沒想到後來竟然靈機一動，YouTube 主頻道的「日日是好日——人生生活實驗」的日更影片新企劃就蹦出來了！

如果我們沒有試著聽從身體的聲音改變飲食、沒有開始記錄自己新的飲食生活、沒有更多精力和時間用來剪輯影片、沒有暫停經營 YouTube 且投入自己的新興趣、沒有好好專注於自己的熱情生活，這個 YouTube 新企劃就不可能誕生。

實際上，我們只是單純擴大自己記錄生活和整理生活的範圍，從文字整理擴大到透過影片來記錄，內容則是我們平凡無奇的日常生活，主要是我們到咖啡廳工作剪片、寫作、畫畫、寫小說，以及分享當天吃了什麼食物而已，結果有些觀眾表示很喜歡這樣的內容，甚至告訴我們，他們每天生活的幸福感也因而提升，並且每晚都期待看到我們的新影片，我們簡單樸實的日常能夠讓他人幸福，我們也感到超幸福的！

在這個新系列的影片發布之後，我們的 YouTube 收益又開始增加，而收入一增加後，我們難免又會想接下來的生活會有什麼樣的變化呢？難道又要開始游牧生活了嗎？不過誰又知道呢？連當事人的我們都一點頭緒都沒有，就請大家跟我們一起看下去吧！

截至目前為止，我們所走過的每一段路程似乎前後都完美的彼此銜接著，每一步路引領著下一步路，而在何時、何地、什麼事件、被什麼吸引，似乎都有個脈絡或跡象，日後回頭看時，自己就會多了一些明白，並且會有種「原來這件事是為了這個啊」的感觸，這樣的感覺真的十分好玩，於是我們後來每次遇到一件意想不到的事情時，就會很期待之後答案揭曉的時刻。

金錢收入本來就會有高有低，而人生同樣也會有上有下，若能儘可能都體驗一番眞的會很過癮。我們也認為，這才是人生真正的財富，因此誠摯推薦大家好好去享受生活的每個當下！不再過著勉強自己、委屈自己的痛苦生活，雖然過程中難免會有辛苦或難受的時候，但那只是即將成為美好生命故事的寶貴養分，當回頭來看的時候，就會發現一切都是那麼完美。

起初我們只是撰寫社群貼文來整理生活，後來我們開始透過部落格文章來整理生活，接著我們架設了Wix網站來整理生活，而後我們嘗試拍攝影片來整理生活，最後，也就是現在，我們又用這一本書整理了我們這七年的人生。回頭望去，我們的這七年真的很精采有趣。不過我們相信，下個七年肯定會更加精采豐富！

第二部

# 關於努力

我們曾經在是否「不夠努力」上糾結過，
也懷疑自己是否工作抗壓力太低、是草莓族。
後來才察覺到，
原來自己其實是那種「越沒壓力、產出越好」的類型。

# 活在當下、及時行樂與不努力、不未雨綢繆分別有什麼不同？

我們經常聽到大家自許能「活在當下」，也有人認為應當「及時行樂」；但也有人會擔憂，這樣是否太消極其實是「不努力」與「不未雨綢繆」。在討論這個問題之前，首先我們猜想每個人對於這四個名詞的定義應該都不太一樣。

自從在 YouTube 頻道分享我們的生活之後，由於觀眾見我們對於理財投資、保險或退休規劃的領域比較不感興趣，難免讓人覺得沒有「未雨綢繆」；同時目前的我們也對於買房、買車興趣缺缺，於是也讓人認為我們「不努力」。

除此之外，即使經營 YouTube 頻道，我們也只拍攝自己有感覺的主題，甚至沒有心情拍片時，突然就停更兩個月也覺得無所謂。接著某天又下決定開拍且挑戰日更影片，全憑當下的感受。而實踐極簡生活的我們也不熱中融入 YouTube 業配的生態，且暫不考慮與其他頻道或公司串連合作。

關乎飲食健康生活時，我們平常也是想吃什麼就馬上去吃，吃法也不太符合大眾認定的營養健康標準。想住旅店並過著游牧生活時，就直接到處遊玩，甚至有時候兩個人一個月的住宿費就高達三萬元，而平常卻也沒有特別預留緊急備用金。相信難免會有人覺得我們太過任性、太過「及時行樂」也不一定。

難道「活在當下」就可以這麼任性妄為嗎？

以前的我們也曾經在「活在當下」和「不努力」這兩個概念之間疑惑與糾結過，尤其在上班約滿兩年開始出現了離職的念頭時。當時我們曾認真的懷疑自己是否工作抗壓力太低，明明別人工作都是以拚到退休為志向，而我們卻在短短的職涯中便萌生怯意，難道我們就是多數長輩口中所謂的「七年級的草莓族」？

當時的上班氛圍普遍傾向「一份工作應該最少做滿三年」，符合這樣最低門檻的工作資歷和經驗會比較足夠而理想，若之後想轉職，也能突顯我們在每份工作都是一個負責任且值得信賴的員工。我們的卻乖乖奉行了，而且還硬撐到滿四年資歷，同時每年主管給予的考績和評價都算不錯。於是在努力四年之後，我們總算放心的撕掉自己假想的「草莓族」標籤。

在那之後又過了五年，現在的我們回頭思考這件事情，驚覺若是當初自己在每份工作或每項嘗試都各做滿三年才罷休，那麼我們透過嘗試新事物來學習成長的速度反而會緩慢許多。例如：整理師的到府教學工作硬做滿三年、整理師的培訓工作也得做滿三年，然後網頁設計師的接案工作也必須做滿三年，這樣一來，我們現在恐怕還沒開始拍攝 YouTube 影片，甚至也還沒出書呢！

世界不停快速變化，這並非只是一句眾人熟知的口號，更是與我們日常平凡的生活有緊密的關聯，因此我們更傾向關切當下外在與內心的狀態，然後快速的嘗試新事物、快速的行動、快速的失敗，並快速的調整。

隨著我們嘗試越多不同的新工作，生活經驗也累積得越多，其實我們反而可以從眾多選項與經歷中，更快找到比較適合自己或更為精準的工作模式與生活型態。對應到我們一路以來物品整理、運動習慣培養、飲食方式調整都是如此。例如：過去不停買錯物品的經驗幫助我們發現極簡生活的實用與方便性，而嘗試了許多不喜歡的運動項目後才總算找到較為適合我們的舒緩瑜伽。此外，不斷吃錯食物的歷程，也慢慢幫助我們找到更適合自己的少食生活。

回到早先那個「應該最少三年」的假設性問題，究竟一件事情真的必定得做得夠久才會對自己有幫助嗎？做得夠久才符合所謂努力的標準嗎？甚至三年真的就足夠久嗎？難道每份工作或每件事情都適用這樣的判斷標準嗎？如果標準都不同的時候，我們又要如何因應與落實呢？話說提出這種判斷標準的又是哪個傢伙（笑）？

我們離職之後，由於收入並不穩定，心裡也常常會有「沒有收入就不該休息」的想法，因此那時候的我們幾乎沒有週休二日，除了平常吃飯、滑滑手機之外，一天到晚總是不停歇的工作，每日工作的時數可能都比先前待在銀行的時候還多。但慶幸的是，終於所有的時間都是花費在我們所喜歡的工作上！其實除了看電影之外，我們認為工作甚至比起其他休息娛樂更加有趣，因此甘之如飴。創業初期雖然還沒有什麼收入，但我們認為自己當時還算蠻「努力」的。

由於我們至少努力上班滿四年，離職之後也每天工作超過八至十小時，甚至每週休息幾乎不超過一天，因此在「心情方面」我們可以有自信的表示，自己所付出的努力應沒有少於過去，即使「收入方面」還未達到以往上班時的收入水準，不過我們也不再質疑自己是否過於放任，或者認為自己抗壓力過低、不夠努力、滿腦子只想著及時行樂。

面對「努力與否」的問題，我們認為應該要思考的是「自己覺得怎麼樣的標準才稱得上努力」，並釐清「自己對於努力的定義」。有些人認為至少要做滿三年才能真心信服，有些人則一天工作至少要滿八小時才能感到踏實，而有些人則每週只休一日方心滿意足。因此找到一個能夠說服自己安心去追求自己所愛事物的生活準則，相信堅持下去就不再是難事。

創業以來，我們漸漸認為與其直接使用他人的生活標準或版本，不如設定並確認屬於自己版本的「努力定義」，然後自己盡力達成即可。畢竟萬一隨著他人所決定的方式而逼迫自己在一份工作上做滿三年，結果自己做了一年已經受不了，卻仍帶著這樣的壓力，選擇繼續承受接下來兩年的痛苦，而或許對方也不過又是參照另一個人所提出的無來由標準，其實生活也過得難受，只是我們不得而知罷了。

不過事前需要認真理解與全然接納的事實是，「努力」做自己喜歡的事情，不等同於擁有高收入或穩定的生活。像是我們「努力」只透過文字寫作和拍攝 YouTube 影片來分享簡單生活與物品整理相關內容，對一般人來說恐怕難以支應日常生計，因此最好避免以難以掌控的「收入值」來評估自己的「努力值」。

假設一個人每個月至少要賺進三萬元以上的收入才能認定自己「夠努力」的話，顯然我們在創業初期時相當不努力呢！若是無論如何都偏好這個定義行事的人來說，我們則會建議索性繼續維持原本的工作便可，然後考慮另外撥出下班後的時間來做自己感興趣的嘗試，待這件喜歡的項目真能帶來每個月三萬元以上的收入後，再考慮離職創業也不遲，如此就不會一直質疑自己不夠努力。

# 爲什麼人一定要努力？努力又是爲了什麼？

如前所述，一旦發現自己深信的價值觀是「人一定要努力」，就試著先找到專屬於自己版本的「努力的定義」，然後盡自己所能的依此理念好好生活，這種生活方式當然非常美好。

但我們的價值觀則認為，想要努力的生活也可以、不想要努力的生活也可以，兩者皆無不可。何況一個人所認為的努力對於另一個人來說也可能被定義為不努力，因此其實很難統一所有人都能欣然接受的唯一標準。

仔細推敲之後，我們赫然發現其實只要自己能夠開心，也未去傷害他人與環境，什麼樣的生活方式都未嘗不可，而這其實早就是許多人的生活狀態。

一個喜歡獨自住在山中的人或許不介意生活在一個只能簡單遮風避雨的小木屋裡，甚至只採集路邊的野草過活而不打算工作賺錢，其實如此好像也沒關係。或許有些人會認為這樣不事生產的人是社會的累贅，但我們反問自己又為他人貢獻了什麼？或許也沒有達到所謂的特定標準，甚至還浪費了許多資源並破壞環境，那麼究竟有多少人該被責備？而我們真的能滿足所有的期待嗎？

同樣的，一個很喜歡吃水果和麵包的人在考量自己既不會種水果也不會烘烤麵包的情況下，於是決定為了購買自己喜歡的食物而投入工作並努力賺錢，這樣的生活也值得尊重。

我們也曾經認為身為人就應該要好好努力，尤其是努力工作賺錢，畢竟周遭的所有人都很努力，而且不少人也透過努力而賺到許多錢，甚至除了恪守本分之外，又進一步再努力投資理財或是賺取業外收入，而家人也不斷灌輸我們「有錢就能有好生活」的觀念。

在這樣的氛圍之下，古怪的我們因這樣「努力」的過程而感到糾結無力，而被金錢至上的社會共識圍繞之下，我們竟對於投資理財絲毫提不起興致，而對銀行本業的工作也越來越沒有熱情，因此在這上面越是持續努力，則越是感到無所適從，而那種難以言說的痛苦彷彿一直不斷累積，最後也讓我們忍不住開始去尋找一些書籍和文章，試圖找出能夠說服自己「人到底需要工作」、「人應需努力」的理由，否則我們可能會做不下去。

意外的是，在我們找到能夠說服自己的想法之前，我們反而先發現存在「人可以不努力」、「人可以不工作」的觀點和說法。剎那間，這些內容就像一盞明燈一般，讓我們肩上的壓力頓時減輕了不少，原來身為人居然可以不用工作以及不用努力，正當我們鬆了一口氣之後，反而更能專注在工作和生活上，並慢慢學會放緩腳步，然後我們忽然察覺自己好像就是那種「越沒壓力、產出越好」的類型。

自從我們開始單純的分享自己放下負擔而平凡無奇的日常生活後，竟有觀眾回饋表示我們的影片十分療癒且有趣，於是我們更加確信其實自己

「不努力」、「單純做自己」仍能有益於這個世界，既然不努力也能達到「努力」的結果，則選擇不努力不是比較輕鬆嗎？

這也不禁讓我們進一步思考，太過努力是否反而容易造成自身的壓力，甚至也可能促使他人產生壓力，間接又讓自己的工作產出低落，進而人際關係出了問題、健康也亮起紅燈呢？

# 爲什麼要未雨綢繆？怎麼做才是未雨綢繆？

雖然我們不投資理財、不做老年退休計畫、不買房子也不買車子，看似完全沒有「未雨綢繆」，但其實只不過是我們選擇「未雨綢繆」的項目不同而已。

有些人因為擔心老後可能會生病、失去工作能力而無法支付高額的醫療保險費用，還有老後可能會租不到房子而規劃買房，以及憂慮老後將會有更多無法預期的種種花費，於是現在便認真的上班賺錢，並即早存錢與投資。

我們並非不認同這些老後的可能性，但同時我們也一樣「擔心」現在的世界變化如此快速，而且天災、人禍、疫情層出不窮，如果現在不先趕快去做自己想做的事情，也許明天就沒機會去做也不一定，所以我們更加擔憂萬一還沒活到老後，卻連一件想做的事都還沒做！不覺得這件事很可怕嗎（笑）？

實際上，每個人「憂慮」的項目都不同，而且應對的方式也不會相同，一樣是面對「老後生病」的可能性，有些人選擇犧牲現在的精力來存夠以後的醫療費用和購屋費用，我們則是傾向選擇把握現在健康的身體去完成當下內心真正想做的事，並搭配有意識的飲食和瑜伽生活來鍛鍊健康，進而讓自己維持幸福快樂的身心。

其實這就好比同樣想要練肌肉的一群人，有些人偏好爬山、有些人偏好重訓，而有人偏好 TABATA 間歇運動；或是同樣想要賺錢的一群人，有些人偏好上班、有些人偏好自由接案，而有些人偏好自行創業一樣，各有特點，並無優劣之分。

每一種生活選擇都很好，只要是經過自己的思考、測試，且自己也感到認可而採取行動，同時爲自己的行爲負責，則任何方式對當事人都是理想的生活。

若是僅聚焦於不存錢就是沒有未雨綢繆的話，則依照這個標準判斷，我們確實就是屬於「不未雨綢繆」的人，但我們反而偏向儘可能盤點各種可能性，亦即所有該要未雨綢繆的項目都去思考看看，甚至找出其中最為重要的項目進行規劃，接著尋找出自己比較偏好的對應方法，或移除較不偏好的生活方式，最後才選擇了看似「不存錢」的生活方式。

例如：我們不太喜歡「特別存下一筆錢專門要用在看病或是養老院上面」的感覺，彷彿已事先安排自己必定得生病或是自己必定會虛弱到需要別人照顧一樣。這種「預設」自己消極或悲慘的狀態，讓我們感到不甚舒服。即使只有少數人，我們仍然看到許多人活出了各種不同的可能性，雖然這全是機率問題，但我們依舊錨定自己將成為那群積極而樂觀的少數人，並以此為目標努力著，因此我們毅然決然讓自己所花費的每一分錢都是經過自身思考，且符合自己的價值觀，然後用在讓自己幸福快樂的事物上。

雖然未來當然無法排除意外的發生或真的生病而需要用到錢，但同樣的，未來也有可能什麼都沒發生，這兩種情況都存在可能性，因此沒有道理只偏頗一方，而我們也難以評估哪一個可能性更高，否則我們應該是投資大神了（笑）！

可以確定的是，如果需要犧牲當下確定的幸福快樂，去換取那個不確定的未來，對我們來說並不太值得。當然如果有人覺得自己其實並沒有犧牲當下幸福快樂的感受，反而覺得積極努力、很有方向，且對未來風險管控很感興趣，我們也為他感到幸福。

對現在的我們而言，光是今天認真的生活就已經占據所有的精神，包括拍片來記錄生活、寫作來整理想法，每天還會檢視和調整日常的飲食與運動模式。此外，也持續閱讀和學習，並期待隨時培養新的興趣和技能，因此也已經沒有餘力去針對不確定的未來進行風險管理，而目前倒也還沒有產生這方面的興趣。如果未來眞的不幸發生了什麼意外，我們的想法是，相信那時候的自己，端看自己因應當下該怎麼處理就怎麼處理，如同現在的我們一樣。

面對讓人眼花撩亂的種種不確定性，於是我們試想了以下的情境：「如果我們先將大部分的精力放在事先存滿醫療保險和退休金上，然後確保了老後醫療和生活費用都將足夠支應，但可能已經沒有餘力做自己喜歡的事，甚至沒有時間尋覓出那是什麼」，以及「我們當下就好好專注在自己所喜愛的事物上，但是老後可能因為生病沒錢醫治而提早離開地球」，而在這兩種情況權衡相比之後，我們更偏好哪一種生活呢？目前我們的答案是後者，因此我們便還不考慮進行退休規劃，甚至也沒有餘裕這麼做，畢竟我們若真要好好研究的話，必定會如同創業一般認真行動，而這自然需要付出許多的心力與時間，或許有不少人近乎一生都在為此努力著。話說生活和創作那麼好玩，為何需要老後退休呢？

我們透過這些邏輯推斷與情境分析後得出的結論是，當我們專注在當下心裡真正渴望的事情，並且不抱有難以捉摸的過度預期，然後將生活中所遇到的每一件事情，不論它看起來像好事或壞事，都視為是能夠讓我們有所學習的好事，而隨時以這樣的心態來好好生活的時候，其實未來似乎漸漸越能毫不費力又輕鬆自在，甚至內心總會保有感恩與快樂，而這就是我們自己所定義的「未雨綢繆」，所以我們其實也為自己的生活未雨綢繆，只是方式可能不太一樣而已。

## 什麼是「臣服」？不怕變消極懶散嗎？

活在當下指的是及時行樂嗎？難道就是單純只做自己喜歡的事情嗎？又怎麼知道自己喜歡什麼或偏好什麼呢？但如果有了偏好是否表示對特定成果有所期待呢？又是否會和臣服的概念有所衝突呢？

「活在當下」真的是一個簡單四字卻依然有些難懂的概念，對此我們應該也算還在摸索當中，而這種生活理念或觀點以及我們對此產生的感受，或許也會隨著時間而變化，我們就試著分享到目前為止的理解吧！

如同前面我們提及自己的故事與推論，當實際去嘗試此刻內心真正想做的事情，同時抱持著「零預期」的心態，而這就是我們落實「活在當下」的做法。

首先，迎面而來的問題是究竟哪些是當下內心真正想做的事情？且我們有沒有可能會誤判了呢？

日常生活的細微瑣事對我們而言也是人生重要的一環，每個瞬間的內心渴望未必非得是一般所想的人生大事。有時候我們可能突然感覺想要先來洗個澡、想要來泡個咖啡、想要外出去公園散散步、想要去看個電影、肚子感覺餓了而想要來吃個水果等，凡是一時之間有點沒來由的想去做一件事情，便是當下內心最真實的想法，而且變化可能隨時隨地發生。

或許有些人會直觀認定「實踐自己想做或喜歡的事情」一定會是一份具體明確的工作或職業，例如：發現自己喜歡分享極簡生活的美好而去當整理師或YouTuber，或是為了將興趣轉為商機而去創業開公司；抑或嚮往工時彈性的接案模式而找一份不受時間與地點限制的遠距工作，並決定開啟游牧之旅。

不過相較於這種龐大的生涯規劃，我們感受到更多的反而是當下每個瞬間在腦中忽然迸出的小事情，例如：有時心血來潮就想要整理一下自己的衣櫃；有時靈感忽至便想要透過文字記錄一下今天吃的食物；有時比起咖啡，更想要來一杯國寶茶；有時查看一下頻道作品後就突然想重新設計影片的封面圖；有時心情較為澎湃便興起錄製一下 Podcast 的念頭等，這些看似無足輕重的微小想法與近乎無實質利益的行為，或許於最近的生活與工作無關緊要，但卻是日後能夠串連起來的事情。

我們常常會直接就忽略當下那一個其實有點想做的小事，而習慣大力聚焦於彷彿更重要且更全面性的人生規劃，而且一次就要規劃三年至五年的目標，接著再拆分每月、每週、每日的小目標，並確保每一項環環相扣，好讓所有的待辦清單都與事先預設的人生最終目標或理想拼湊在一起，彷彿只要如實的按照這個流程走必能一生順遂、不再煩憂，堪稱未雨綢繆，但每當我們無法跟上原先設定好的規劃和進度時，就會開始感到痛苦，甚至每次重新建立新目標而又不小心失敗後，疊加的痛苦似乎更是難以擺脫。

實際上，過去的我們就是屬於那種非常喜歡規劃、安排進度與組織生活的人，因此常常要求自己應該在什麼時候完成哪些事情，而且從學生時期就有這樣的傾向，我們花費在規劃讀書時程的時間恐怕不亞於實際的念書時間，一直到上班時期與創業初期更是狂熱投入規劃，但奇怪的是結果往往不如預期，且突發狀況頗為頻繁。反覆面對這種失去掌控的狀態也讓我們感到很不舒服，明明自己已經使出全力，卻不見心念的成果到來，於是內心十分疑惑與沮喪，同時也亟欲改變現狀。

爲何自己已經如此賣力的做著喜歡的工作，卻還是痛苦纏身呢？我們推測就是因爲對未來或特定結果產生了「預期」。

如果我們預期透過整理師的事業來賺錢，並藉此獲得穩定的收入，甚至還期望在明確的期限內就看到成果，那麼當我們未辦到的時候就會開始感到痛苦，接著若又不自覺持續將焦點放在「未達預期」上，我們還會容易忘卻當初熱愛這件事的本意初衷，頓時影響並改變自身的行為，最終便可能導致不希望的結果發生。

如果我們預期要透過整理師預約平台賺錢，並藉此獲得穩定的收入，甚至還期望在明確的期限內就看到成果，那麼我們有可能為求快速而索性讓仍不夠滿意的網站直接上線，最終導致失去整理師夥伴與客戶的信任，更不可能從中獲益，而且或許也無法好好專心經營 YouTube 頻道，以及分享我們的日常生活。

雖然自己確實深深渴望進行某項挑戰，例如：內心有個希望建立預約整理服務平台的具體目標，但其實事後回想起來，我們若嘗試先暫時移開對這件事情的預期時，內心似乎曾經有閃過「放棄經營預約平台」的聲音，而且還不只一次，彷彿自己並不是真心擁抱它，而是被某種包裝後的恐懼影響了行為。如果能不再下意識就設定對未來的「預期」，並輕易被自己絲毫無法掌握在手中的「預期」所沖昏頭，或許我們每個人都能更清楚自己真正想做的事情以及貫徹自己的生活初衷。

人生真的充滿困難與痛苦嗎？我們想要的事物是否需要靠一輩子的艱辛與刻苦方能獲得呢？居住在一個充滿綠意的簡潔環境、擁有一副強健的輕盈身軀、和重要的人一起暢聊歡笑，然後為自己進行創作，可能是畫些風景畫、拍些人物照、寫些心情日誌、錄些生活瑣事等，只是單純的做些當下內心指引的熱情，真的如此難以企及嗎？

會不會只是我們誤聽了一些不適合自己的生活觀點、緊抓著統一的行為準則，並交由別人來定義自己從生至死的人生流程，然後未經思考就傻傻的跟著走。若走得不順，甚至反過來質疑是自己能力不足，最後還禁不住產生種種無謂的擔憂，而忽略了簡單美好的本質就是簡單美好。

當我們在追尋自己此刻認同而重要的事物時，倘若先移開對那件事的想像期待和恐懼擔憂之後，內心依舊渴望嘗試，則當下的聲音應該相當清澈，並展現了一個人真正的偏好與理想中的生活，同時也揭示自己應該採取行動。即使當下看起來未必完全像是自己喜歡的事情，但往後可能就會發現它是一個契機或墊腳石，並引領我們走向根本想像不到、規劃不來，且絕對會比現狀更偏好的美好生活。然後當我們真正這麼做的時候，便是「臣服」，亦即預期已被放掉。

如同維尼曾經內心突然迸出一個「極簡生活問答」影片企劃的想法，

不過由於平時幾乎都是布蘭達負責剪輯影片，維尼以前雖然也曾經努力嘗試過幾次，但仍覺得剪片有些麻煩而不太喜歡，並不像布蘭達可以如此投入，於是認定自己應該確實比較偏好做起來更為輕鬆順暢的文章與腳本撰寫，因此有很長一段時間都不再有主動剪片的興致。

但那次企劃靈感的湧現猶如敲鐘一般，令維尼難以忽視那清楚的內心聲音，就像當初想要離職時那樣清晰與強烈，面對明知不習慣也不偏愛的項目，且頭腦也表示有些拒絕與排斥，甚至同時擔心自己可能會剪輯得一塌糊塗，但最終維尼還是排除多餘的預期與憂慮而乾脆去行動了！

一開始著手進行時其實還是感到有些痛苦，畢竟是自己平常很少在做的事情，但維尼仍盡力先完成了至少幾部系列影片，而後來發現有許多人表示因這個問答系列而有所收穫，頓時又覺得無比開心且十分值得。隨著剪片的能力因此提升，製作速度也加快後，明顯意識到自己因受這個契機而又能有所成長，內心感到相當快樂與感恩，而這就是我們聽從內心的聲音去實踐當下靈感的情況。雖然一開始乍現的創意發想不全像是自己喜歡且偏好的事，但最後會發現自己真正清楚了解的事實少之又少，而且常常與其差異甚鉅，然後才漸漸的開始接納這個狀態，亦即比起聽從自己的頭腦判斷，內心的聲音才是自己眞正喜歡且偏好的事。

我們後來猜想，一個人或許也不能一直處於太過舒適的環境，即使自己試圖只選擇輕鬆行事，內心或外在環境也會想辦法安排「靈感」或「意外」來鍛鍊我們，如同維尼之前安逸於寫文章和腳本太久，於是內心便促使維尼產生開始練習剪輯影片的念頭，最終也因而進行鍛鍊並成長，然後進一步獲得更快樂、更幸福的體驗。

而再後來我們也聯想到維尼當初之所以產生「極簡生活問答」系列的內心觸動，或許是為下一步計畫鋪路，因為不久之後我們便收到進階挑戰的訊息，也就是開始「每日更新日常生活 Vlog」影片，希望記錄我們變化快速的生活實驗，而要達到這個目標勢必要結合布蘭達和維尼兩人的力量，如果維尼沒有事先訓練剪片的技能，當這份靈感降臨時，我們會理性的直接選擇放棄，畢竟一個人不太可能每天花十幾個小時來剪片，而既然現在有了兩個人手，這個妙想便有了落實的可能性。

很快的，我們感受到「日更生活 Vlog」成為了我們人生當中非常重要的使命，而這也是我們第一次覺得進行某件事居然有種非做不可的責任感。我們甚至產生了自己生來就是要做這件事的特殊感覺，這在我們嘗試過如此多種的工作型式中都不曾有過。也在此時，我們發現生命中的許多事情似乎都能串連起來。

因此我們似乎不需要刻意去找到一個既明確又具體的熱愛事物、個人偏好或理想生活的樣貌，尤其還試圖找到一輩子都不變的項目，因為這些終將是事後的「歸納」。只要不帶預期的對當下冒出的有趣想法進行能力所及的嘗試，許久之後或許就會赫然發現，原來這就是我想要的理想生活，而且生活居然可以那麼開心和平靜！

在著手投入那份當下突然想做的事情時，就像維尼試著做出一部回答某位觀眾提問的影片，其實只要將焦點專注在把那部影片完成即可，無須想得太遙遠或太全面，然後過程中凡覺得累了、想睡覺了、想吃東西了、想看電影了，就直接去做。轉換心情後又想回來剪片時就繼續進行，其他的都不需要去想，包括顧慮看似最為重要的「是否有人會看這部影片」的問題，畢竟想破頭也不會有答案，為此憂慮純粹只是拖延當下該去做的那件事情而已。

# 人生不用規劃嗎？

與其問人生需不需要規劃，對我們而言更值得一問的是，規劃的確切成效該如何評估呢？我們又如何確保這份規劃盡善盡美呢？由於規劃通常牽涉到未來，而總是變化快速的未來難以預測，除非規劃本身是我們當下內心相當喜愛的事，例如：熱中於在手帳上寫下整齊又療癒的待辦項目，否則規劃常常就是執意達到特定的期待，但如同前述所提，預期恐怕難有助益。

依據過去的經驗，我們認為幾乎沒有任何一件事情是能夠透過完善規劃而符合期望中的結果，在經歷了兩次存款歸零、收入上下波動、居住環境不斷改變，且工作模式也不停更換調整之後，我們發現人生根本無法規劃和預期，硬要這麼做終究不過是浪費時間與徒增煩惱而已。甚至一點也不誇張，比起進行規劃與時間管理，掌握自己當下能夠採取的行動要實際得多。尤其自己其實就是那個變化最多的存在，因此或許只有駐足不前的人才有規劃的可能性。

當我們真的開始試著不去規劃、不去預期，並且在當下想到什麼就去做什麼，然後每次遇到有點痛苦或不開心的事情時，就單純的思考如何從中學習、自我檢討。畢竟事情都已發生，沉沒成本一去不返，若不趁此趕緊學習一下來拿點好處也很可惜。然後我們就漸漸發現，一旦我們突破自己、通過關卡，痛苦就越來越少、內心也越來越平靜，同時生活也變得越來越好，而且是我們完全無法想像與預期的好。如果當初我們只是堅持預見某種固定的結果，或許沒有機會讓自己碰觸到更加美好的境地。

假若我們真能預期自己透過穩定的金融業工作賺錢、存錢買房，但我們真的有辦法預期自己需要透過多少的大餐和娛樂支出來平復工作中感受到的不滿和委屈嗎？我們又真的有辦法預期未來因為得到憂鬱症、癌症，而必須被迫支出多少的醫療費用嗎？

自己的每月固定收入相對容易計算，而投資金融商品的預期報酬也能靠許多專家協助試算，若又額外投入斜槓兼職工作賺取外快，也都能大致估算出來，基本上便是付出多少時數就約莫能獲得多少工資，不過我們內心是否能獲取平靜與喜悅？是否能確保自己藉此得到幸福與快樂？這又是否需要一起進行成本效益規劃分析呢？

我們坦然承認自己並無能力評估在受委屈之後究竟要付出多少代價來補償與填補心裡的痛苦，而我們的應對做法是選擇先讓自己的內心安定下來，讓它想幹嘛就幹嘛。畢竟只要它冷靜些，就比較不會亂花錢（笑）。此外，如果它選擇了一件眼前看似無法立即獲得報酬或收益的事情，甚至造成我們持續一週都只能吃吐司果腹，其實倒也還好，後果頂多就是吃少一點，身體搞不好還透過斷食而因禍得福、變得健康。但如果犧牲內心的順流，而慢慢堆積負面情緒致使自己產生身心疾病或不自覺給予周遭親朋好友無形的壓力，就絕對是我們最不想要的了。

# 對行動結果「零預期」，讓生命發揮最高作用

其實聊到內心的聲音，相信很多人都是一頭霧水，畢竟以前都不曾有師長教過我們，接著或許有不少人最想提出的第一個問題是，萬一自己現在想要的是每天都睡到飽、每天無所事事、每天熬夜追劇、一整天滑手機，難道這樣也可以嗎？

還真的可以！

不過明明渴望這麼做的人，往往會「擔心」自己要是如此「恣意妄為」，可能會立刻被周遭的人非議，然後被貼上「不努力」的標籤，或是自己就直接斬釘截鐵的「預期」這樣的生活無法帶來穩定的收入，於是反而讓自己裹足不前，而離希冀的理想生活越來越遠。因此面對任何內心片

刻揚起的大小事，我們會強力建議你趕快去做吧！還有做到極致吧！

第一，如果你真的這麼去做了，頃刻便會體會到無比的快樂與自由舒暢的感受。如今善待自己也變成一件困難的挑戰，但除了自己之外，又有誰能夠一輩子對自己好呢？也許你偶爾也會稍微放縱一下自己，但是可能不曾盡力的好好對待自己，平時光忙著應付他人的期望就焦頭爛額，因此內心若有幸出現一些觸動自己的事，試著完成它就是一種善待自己了。

第二，如果你真的這麼做了，十之八九不會餓死在街頭，別的國家無法保證，但在台灣想要填飽肚子簡直易如反掌。例如：全聯販售的一大條即期吐司不過才十元，至少就足以吃上三至五天，而且偶爾一日一餐斷食對身體也只有助益，所以即使再沒錢也很難餓死，然後乾脆的將專注力聚焦在讓自己怦然心動的工作項目上，一不小心還會廢寢忘食呢！

第三，每個人對努力的定義都不同，即使有人突然跳出來並一副惡狠狠的當面批評你「不努力」，仍然純粹只是他人肆意強灌的定義，甚至有時候對方也未必能如實辦到，只是想找個人拖下水而已。努力對自己好也是努力的一種，尤其能夠努力讓自己整天放寬心無所事事的人，實力最為堅強，畢竟放眼望去幾乎無人能辦到。

一個人是否努力永遠都不會有明確標準的答案，也無法予以一個可信的分數，試問賣雞排的人就比當博士的人不努力嗎？難道當博士的人不會吃雞排嗎？而在家自己種菜自給自足的人就比在大公司上班的人不努力嗎？難道種菜比較輕鬆嗎？而不喜歡讀書、喜歡到處遊玩的人就比較不努力嗎？向他人分享自己到處旅行的經歷、研究行程、撰寫圖文並分享歡樂的人就比較不努力嗎？稍稍細想之後便會意識到，我們常常不自覺用相當表面粗淺或用單一準則就來分辨好壞，然後一不小心誤判了事情，也傷害了別人。其實更多的時候，我們之所以能夠努力也是建立在許多人的努力上。

由於我們越來越明白真的無需關注在努力與否上，因此當別人建議與表示我們為何不好好努力待在待遇與頭銜都較好的金融業職務上、為何不接業配多賺一些錢，或是為何不多買一些東西犒賞自己時，我們就一笑置之，越來越無感了！

第四，如果你真的能極致的過上前述那種天天睡到飽的追劇生活，其實不出兩個月就會覺得受夠了！人意外的排斥無聊，因此可能無法忍受長時間毫無變化、毫無長進的生活，就算是再好吃的高級料理，連續吃一週也會受不了，這也彰顯想要刺激、變化、成長的「人類預設值」，長久的苦痛固然讓人想要逃避，但持續的安逸也令人厭倦。因此面對再舒適無痛的生活，人終究會再次開始感受到「痛苦」，然後內心聲音可能就會適時來敲門，並暗示我們下一步可以嘗試的新鮮事，所以我們大可放心，因為這樣看似「頹廢且不努力」的生活或許也無法維持得太久。

第五，很多時候，面對我們自己真正想做的事與自己親手選擇的生活，我們比較會全心全意負起責任，而倘若是被動聽從他人的建議行事，人云亦云，一旦不如預期的事情發生時，我們就只需要直接歸咎與埋怨別人。而這或許也是許多人不敢做自己的原因，因為只要跟隨他人的腳步，一旦出事就只要把過錯推給別人就好，自己落得輕鬆。雖然這樣的生活未嘗不是一種方便的選擇，但依然還是會伴隨其他的生活代價，快樂都交由他人決定便是其一。

其實在我們決定要離職創業之後，親朋好友難免會以一種「我看你們到底要怎麼做」的心態來看待我們，畢竟他們本身應該也不清楚該如何進行，而這樣反倒也激勵我們更加專心發展工作，並積極努力試錯，隨後也讓我們對生活的滿意度不斷攀升。

再者，如果只是採用他人的建議或標準來過生活，我們也會很容易只做到某種程度就收手，對人生難有積極向上的熱情，而且也可能比較容易產生「和其他人做到差不多一樣的程度就好」、「也不用把自己弄得太累」的想法，並自然而然認為待在安全的舒適圈何樂而不為，雖然這種態度聽起來也頗為合理，畢竟眼前面對的並非是自己全心全意喜愛的事物，任誰都無法心甘情願付出一切，於是不上不下的生活也只能換來不上不下的生活滿意度，同時也常有諸多抱怨。

過去我們在銀行上班的時候，就也因為認為月薪是固定不變的，而下意識產生「我就賺那麼多錢，有需要那麼努力嗎」的念頭，然後每天上班就一心想著提早下班、想著好吃的餐廳、想著週末去逛書店和看電影，以及盼望著下一次的連假要去某個國家旅遊，而這樣的生活方式算是為自己負責嗎？算是努力投入生活嗎？當時的我們內心一直隱約抱著這樣存疑。

第六，當我們能夠毫不勉強的過自己想要的生活，才有可能允許他人也去過他們想要的生活。不過多數時候，我們對生活有太過清楚具體卻又有些遙遠的妄想。例如：只要當上公務員就有鐵飯碗；當我們財富自由就不用再為金錢煩惱，接著還要向周遭所有人如此宣告，甚至連網路上的陌生人也不放過。

如果我們因為在意親朋好友的眼光而勉強自己維持在固定的崗位上，而當我們發現到居然有其他人的家人能夠支持他去做想做的事情時，我們的內心就可能感到不平衡，甚至延伸為嫉妒或怨恨，然後將負面的情緒用不同形式發洩在身邊我們所愛的人身上，長久以來，這也會對他們和自己都造成身心健康的傷害。

有些人認為做自己是一種很任性的行為，而且絲毫沒有為他人思考。然而另一方面來看，若未先為自己著想，當自己困於委屈和難過之境時，我們真的還有能力去為他人設身處地思考嗎？又此時的著想會是真心誠意的嗎？

我們究竟應該要先照顧自己的身心健康，還是親朋好友的身心健康呢？萬一自己的親朋好友其實也只是勉強的過著符合他人眼光的生活，而忽略了自己的感受，當他看見你想要脫離束縛、邁向自由，採取這種「不智之舉」的時候，他又會給你什麼樣的建議呢？他會支持你，還是會希望你跟他做出一樣的決策就好呢？

人生需要顧及的面向似乎相當多，而到底是身心健康比較重要，還是穩定的物質生活比較重要呢？一般人會擔心，完全實踐自己內心的渴望而得到身心的平衡與健康，可能伴隨著對未來未知的恐懼與潛在的不安風險。所以如果現在選擇用身心健康換來穩定的生活模式能保證未來一輩子都安定平順了嗎？而只要確保自己擁有了房子、車子、孩子、金子之後，就能保證到死之前都安穩無憂了嗎？如果答案都是否定的，為何我們一直持續在追求那百分之百確定的未來呢？

總覺得哪裡怪怪的，我們在經過一連串的邏輯推導和思考之後，慢慢的接納了世界「無常」的本質，也意識到當自己今天一早又能無事醒來，且家人也都健在平安，就已經是一件非常幸福難得、值得感恩的事了。

全世界每天約有十萬人死亡，也就是約有十萬人在今天的早上已經再也醒不過來，因此如果我們無法百分之百保證明天自己到底會不會再次醒來，卻又不去重視今天以及當下的身心健康，甚至忽視自己內心現在渴求的熱情，我們覺得這樣邏輯相當說不通啊！

或許我們都相當有信心自己長命百歲的機率要比起明天就發生意外的機率高出很多，或是認為自己能「足夠健康」的活到老，但對我們而言，機率只存在0％和100％，也就是我們只能確保自己當下100％是身心舒暢的，或是確定現在心情上是快樂的，又或是確信自己受到了委屈或是感覺到有些勉強，因此似乎只有現在這個當下正在發生的事與感受是真實確切的，而那個不確定的明天如果真有意外突然來到，那也是現在觸碰不及的。而且要是發生了就發生了，應該怎麼面對就怎麼去面對，但至少今天的我們獲得了100％滿意的生活！

實際上，如何判斷內心的聲音是否為「零預期」並不是很容易，我們自己也花了許多年的摸索，而在歸納目前的生活經驗後，總結出幾個可以藉由試想情境來進行交叉比對的問題。

**第一，是否期望在這件事情上獲得什麼？如果沒有得到會怎麼樣？**

如果我們預期在某件事情上獲得某項成果，而對於本身過程不太熱中，甚至滿腦子只想著最終結果，則有很高的機率是我們誤會了那是我們內心真正想做的事。

以我們為例，當初希望透過整理師線上預約平台來獲得穩定的收入來源，或是想要透過金融業正職的穩定高薪來獲得家人的認可，以此讓家人對我們放心，同時我們的內心也得以安放。

稍稍細思便忽然發現，其實生活中很多行為都是為了「達成某個效果」才會去做，甚至不能即時看到效果的事情令人難以提起幹勁。「速成法」充斥當今的社會，我們卻發現它是在繞遠路。其實速成的果實不在終點，而在路上，而這也是為何真正的內心聲音不會有預期，有的只是單純想要體驗某項行為的過程，但願嘗過一遍也滿足，也是總能讓我們收穫最大果實的地方。

更有趣的是，我們的內心並不會因為做了某件事情後就真的安心快樂。例如：自媒體追蹤人數達五萬之後又會希望達六萬；這部影片破十萬觀看次數則又會希望下一部也應該要；去年領了年終獎金則今年也自然會想遞延離職的念頭好讓年底的獎金先到手；買了一件好看的衣服後就必須再找一雙鞋子來搭；裝潢好美觀的廚房接著就會想開始物色全新的廚具。雖說無法否定「好還要再更好」的積極態度，但若永遠帶著不知足的心過生活，恐怕很難找到真正快樂平靜的心。

我們並不會因為創業成功、存款達到一千萬元、YouTube 頻道訂閱數破百萬、每天都吃得健康均衡、只吃素食、控制自己一年都不消費、服裝只穿黑白灰、物品低於一百件、買房子、不買房子、投資理財、不化妝保養等事情而從此感到安心和快樂，而是當我們有意識的主動選擇安心和快樂，我們就在那個狀態了。

假如我們預期自己只要透過吃素或是控制營養均衡就會變得健康、擺脫疾病，此時我們可以在腦中試想，萬一吃素或是吃得營養均衡也無法確保自己變得更健康或疾病痊癒，還會想這麼做嗎？我們會不會是帶著痛苦的心在勉強自己過著「健康無病」的生活？

相對的，如果做這件事其實相當享受，此時吃素或是吃得營養均衡就有可能是我們內心真正想做的事情！這代表我們只是單純想要體驗這會帶給我們什麼新奇又有趣的身心感受，且食物對我們而言是值得感恩的存在，讓我們有機會運用這個人生道具開創其他可能性，因此我們就能在每個當下全心全意的享受這件事。

我們當初在決定是否要嘗試整理師的工作時，就有這種一模一樣的感覺，即使我們可能最終仍沒有能力以整理師的工作為業並獲得令人安心的穩定收入，但當下依舊很想了解實際到別人家裡協助整理會是什麼樣的感覺。畢竟自己想破頭也不會清楚答案，而且先試過一兩次也不為過，要是客人真的不滿意，我們全額退費也沒問題，還要感謝對方讓我們解鎖全新的人生劇情。

正如同我們當初想要離職的瞬間，並非因為我們確定自己必能順利創業，並已做好全盤準備與風險規劃，以至於對於能夠不用再上班受氣感到信心十足；而是心中單純渴望這麼做，不論未來會發生什麼。

當自己漸漸可以對一件事情不帶任何預期或是擔憂任何預想的後果，而是像個孩子一般單純的去做某件事，那樣的感覺真的非常美好。而我們也是在鼓起勇氣並直視自己的恐懼後才第一次體會到這點，這或許就是「活在當下」的感覺吧！

不過奇妙的是，人總會很自然的就先對一件事情產生預期或評價它的利弊與好壞，彷彿我們先天就帶有這樣的基因設定，否則逃避痛苦、追尋快樂不會對我們來說如此困難。但我們也認為，若真的難以放掉預期和評斷之心也無妨，這完全不是一件壞事。實際上，無論哪邊所面臨的狀況都足以借鏡學習，只要我們仔細觀察並予以思考，其實每件發生在自己身上的事情都很有意義，且能幫助我們學習和成長，無異於活在當下。

好比當初我們抱持著某些預期進入了金融業、加入了直銷、建立了整理師預約平台，這些行動雖然事後看起來好像是「失敗」，卻讓我們更加體悟到自己所偏好的生活樣貌，甚至在我們勇敢向外踏出一步後，慢慢發現自己具有適應變化的延展能力，只是過去都不曾開發，也不認為自己辦得到。隨著不斷覺察、調整與思慮，以及練習放下過剩的欲望與無用的煩憂後，沒想到接下來的生活比「預期」的還要美好，並讓我們擁有許多無價的難得體驗，大大豐富了我們的生命，也印證了放開手裡緊握的方能獲得更多，此刻我們也才有幸在此書中分享給大家。

對一個人來說，活在當下真的很重要嗎？以不抱持任何預期的態度過生活就是最好的嗎？依據我們過去生活經驗的歸納，其實任何選擇都很好！如上所述，生命所有的相遇都是最美好的安排，這點無比真切，如果現在的你突然感覺不抱任何預期的活在當下似乎很有趣，不妨就去試試看吧！即使只有一天也不賴！

第二，是否害怕做了這件事情之後會發生某些後果？最可怕的情境會是什麼？

當我們腦中迸出想做某一件事的念頭，然後旋即又產生害怕或擔心的情緒，那麼這件事有相當高的機率是我們內心真正想做的事，否則應該連想都不會想。

比方說，我們想要離職但又害怕創業失敗、想要到府幫人整理但又怕客戶不滿意、維尼想要經營 YouTube 副頻道卻又擔心自己影片剪輯能力不足、我們想要記錄實在的生活變化卻又憂慮自己心有餘而力不足，不過所有負面情緒的背後，其實都反應著我們對此的渴望。在深入研究背後害怕的原因之後，我們發現自己只不過是害怕沒錢、擔憂影片品質不夠好、誤會時間不夠，以及不想太累等，簡而言之，就是什麼都還沒做就先自尋煩惱而已。

如果是擔心影片品質不好，觀眾自然會有所反應，收益也會呈現減少的狀態，而我們所能做的就是一邊觀察學習、一邊調整改善，畢竟沒有一件事在剛開始就能如魚得水，若是能夠真正理解並接受這個事實就能更放寬心嘗試慢慢的改變。有時候收入要是少一點就吃少一點，當成斷食也很健康，也慶幸我們活在一個斷食概念興起的時代，而且少食比起上班還是好太多了（笑）！

如果是擔心無法額外再經營 YouTube 的副頻道，試過之後頂多就是回到原先一個頻道的狀態，並不是什麼太大的問題。更何況連第一部影片都還沒製作出來，就在想頻道未來的經營和成長問題，似乎有些不太符合邏輯，也亂了先後順序。畢竟沒有先試過水溫實在難有實際的情況來做判斷與規劃依據，這時不管說什麼往往流於空口說白話，毫無參考價值，更不用說適用每個人的方法與生活模式截然不同。我們經過一連串思考之後赫然發現，除了先把第一部影片做出來之外，真的沒有其他能做的事，接著後來又進一步意識到，其實事前看似「思考」的「疑慮」也都是多餘的，若將那段用在煩惱的時間直接拿來運用，都已經能完成兩分鐘的影片了！結果在不久之後，原先主要是分享觀眾問答與說書的副頻道，還直接轉成了維尼分享漫畫學習過程與新手電繪教學的頻道。原來生命的歷程只有當我們斷捨離「預期」時，它才能發揮其最大的作用。

同樣的，我們近期著手嘗試的生活 Vlog 日更影片也是一模一樣的狀況。一開始是由維尼先試做了第一部影片，結果發現竟然需要花上至少十小時才能完成，若每天還都要出一部影片的話，時間實在過於緊繃，甚至會排擠寫作或是學畫畫的個人興趣時光，因此幾乎是不可能的任務！

在離職並體驗了各種新嘗試之後，我們適應變化的能力越來越高，行動的速度也越來越快，於是成果的展現也越來越快看見，原本可能一個月或一週才會有新的變化，某一天，我們忽然感覺到改變可能在一天之中就會出現，如果不即時記錄，或許會嚇壞家人與觀眾，因此日更影片總有種勢在必行的感覺，於是我們依然聽從內心的聲音，然後兩人不斷討論可行的做法。

沒有經過太多的絞盡腦汁，布蘭達率先想到可以由她負責在前一天進行影片的粗略剪輯，然後隔天再交由維尼進行後製，接著再由布蘭達附上字幕。沒想到我們這樣分工合作的方式居然實際可行，而且也比想像中更快上手，這所有的每一步都不是我們從頭就能預料或規劃的，最大的收穫則是似乎真的沒有必要小看自己，反而最需要的是放下那顆躁動的心。

現在的我們，一天之內可以完成一部日更影片，以及至少兩千字的文字創作，有時候維尼還有餘裕學畫畫，而布蘭達則是學鋼琴。此外，布蘭達同時經營會員頻道，維尼則又經營漫畫頻道，我們還時常外出到咖啡廳品嘗喜愛的咖啡以及尋找蔬食美食，漸漸的，能夠體驗的事物越來越多了。

最終，那些我們害怕會發生的事都沒有發生。在比較辛苦的時期，我們也並未過得淒慘。

# 不爲生病與老後做準備，眞的可以嗎？

若面對渴望的事物卻依舊感到害怕，而無法邁出第一步，也許我們可以試想自己最不希望發生的後果是什麼，然後透過仔細明列出來並客觀檢視，接著理性的找出相對應的解決方法就無須如此害怕了。

舉例來說，如果擔心追求理想生活會沒有錢，則可以問問自己具體而言究竟是什麼用途的消費會不夠支應呢？

## 1. 擔心沒錢吃飯

在踏出舒適圈之前，我們總是希望踏出第一步後，自己依然能保持原本的生活狀態，可能包括每個週末吃一次大餐或是下午茶，平日下午與朋友團購近期最熱門的零食飲品。一旦潛意識想到頃刻間將失去這些小確幸，便望之卻步。不過若真心希望改變現狀，暫時減少享受其實根本不痛不癢，而且對創業來說，這樣的犧牲實在微不足道，無須小題大作。如同在遊戲中要擊潰大魔王之前，總要先添置裝備與鍛鍊基本功。

因此可以思考的是，自己是否可以取得免費或相對便宜的食物，例如：透過短期打工或提供專業技能的方式來交換食宿，像是民宿旅店、農場、生態村等，都有提供類似的活動，或是找尋「剩食」、「即期食品」的取得管道。再者也可以去思考「人到底需要多少食物」、「是否真的需要攝取營養」等相關資訊。就像我們在離職前也看了不少「人是否真的需要工作」的相關文章內容，發現其實世界上有許多其他生活選擇與難以想像的多樣性，以前之所以都不曾知悉，往往只是我們忙於拍照打卡與享用美食，而無法撥空去 google 搜尋而已。當看得越多，我們的內心就越有底氣，面對看似極度困難的離職抉擇，卻已有不計其數的人早就選擇為了秉持的理念突破自己，並透過不斷堅持而往心中嚮往的生活越來越近。因此沒錢吃飯或餓死應該不是那麼容易的，而這個煩惱也無須成為阻礙我們的絆腳石。

另一方面，我們當然也有可能在認真搜尋過一輪資訊之後，仍然沒有一個選項能比起現有的工作更觸動自己，那麼至少我們會更願意待在原本的工作，或許還因而分外珍惜，並能更心無旁騖的享受天天去上班也不一定，甚至還能慶幸與感恩自己擁有這份穩固的飯碗，此時離職已不再是一個問題或煩惱。不過針對自己未曾體驗過的事物，若內心的確感到好奇，我們仍會比較鼓勵將每個選項都進行一番行動測試，接著再下定論會更精準，畢竟我們對自己和這個世界其實了解得太少，值得嘗試的又太多。

## 2. 擔心老後費用

第二種保障型的消費就是，預期年老後可能會產生的各種相關費用，而最常被描繪構想出來的情境便是，老後無法再繼續工作，但卻可能面臨疾病纏身而沒錢支付醫療費用的窘境。此時我們也可以試問自己，除了透過存夠一定金額的醫療預算並做好隨時進醫院的準備之外，還有沒有可能存在能夠澈底遠離疾病的方法呢？畢竟健康長壽的人瑞確實大有人在，我們又何必先入為主的認為自己必定會走向病老的道路？

市面上有許多探討健康、飲食和運動相關的書籍，多看幾本之後會發現觀點包羅萬象，令人目不暇給，且每位作家或專家的理論與親身經驗竟也大相逕庭，最終我們決定依然靜聽內心感受，然後「暫時」認同與接受「人的意識和情緒是影響身體健康的最主要關鍵」的這個論點。

當一個人抱持甚至深信自己只要隨著年紀的增長就必會衰老、體弱、病痛連連，則如同安慰劑效應一般，他便是一直不斷在加強這個信念的能量，因此「變老、衰弱、得病」的事若沒發生反倒有點奇怪。

不僅是對注定病老的執念，有些人也常常對許多情境加諸無奈的標籤，確信其為永遠不變的真理，且對此感到相當有自信、不疑有他，包括：自己就是無法辦到某件事、生活就是不可能變好、物品就是整理不好、家人就是無法改變等，似乎這些並非是自己個人的問題，而是如同地球繞著太陽公轉般身不由己且絲毫改變不了的事實，而這些自認為不可控的狀態十之八九真的會發生。

表面上，這看似是一種自卑的想法，但在我們眼裡卻是一種高傲的表現。常常自怨自艾的人或許是閱歷較少，且尚未發現比自己狀況更差卻更勇敢面對的人多不勝數，還錯把自己當作悲劇女主角，誤以為別人成功是因為特殊原因與運氣，而只有自己是全世界最特別的人，就是說什麼也辦不到，令人不以為然。

像我們曾經從零存款的窘境重新爬起，並不是因為我們能力超群或是擁有特殊人脈資源協助我們度過難關；我們果斷離職、衝出舒適圈，也並非因為特別有勇氣或是提早做好全盤規劃，而是我們看見古今中外都有許多人為了自己而努力付出，所以我們也要這麼做。

金錢其實是一種會隨著我們思維流動的能量，若我們為了某種特定目的存下某一筆錢，我們就真的會用到那筆錢。因此每當有人表示自己已經規劃好未來的醫療費用與疾病保險，在我們聽起來卻像是主動去靠近苦痛，還是那種我們極力想避免的那些。甚至有不少人似乎認為重症、癌症或異常的不健康狀態發生在自己身上是理所當然的事。

未雨綢繆當然無可厚非，但在這樣變動快速的世界中，若真的所有事情都要防範於未然，則除了病、老、意外，是否連同各類天災人禍也都必須考量進去，甚至近期恐怕也要評估戰爭的可能性，且凡在社會新聞上常見的事故都要一一提防。但實際上我們並沒有做到如此全面，則說明了自己並非身不由己，而是刻意選擇自我想要的而已。

的確沒有人想得到任何疾病，就像不會有人故意要讓自己深陷痛苦一樣，但或許我們不樂見它的渴望程度更高，於是力尋真正能擺脫它的有效而精準的方法，而那絕不是先讓自己得到疾病，然後存滿醫療費後再請醫生治癒它。更不要說有人一手拿著披薩、一手拿著可口可樂，然後嘴裡高喊著買份保單的重要性，著實令人難以苟同。

綜上所述，我們一點也不想把賺來的錢花在醫療保險或退休規劃上。我們不願將意念放在會讓自己生病或發生意外的預期上，我們只想把時間與金錢都投入於體驗生活的變化，直到離開地球的前一刻。因此退休不在我們的字典裡，在把這個世界玩夠以及將自己想揮灑的創作全數完成之前，怎麼可能會想退休呢？

有些人選擇遵照衛福部的健康營養指南來生活、有些人選擇生機飲食、有些人選擇生酮飲食、有些人選擇少量多餐、有些人選擇一日一餐、有些人選擇食氣、有些人選擇吃肉食、有些人選擇吃素食、有些人選擇吃蛋奶素、有些人選擇吃純素，由於每個人在不同階段想體驗的生活都不同，因此願意採用的健康論點也不盡相同，而我們目前選擇相信的就是「將自己活到極致，就不會生病。」

我們也嘗試過各種不同的食物類型，而每種飲食變化都帶給我們豐富有趣的感受。在過去的身體實驗中，我們確實發現有些食物項目或較多的食物分量會造成頭腦昏沉或拉長睡眠的時間，但後來又發現這似乎也不是固定的，而當我們像個小孩毫無擔憂，並全心投入在當下的生活時，精神和活力都大增，且需要的睡眠或休息時長也減短，在做瑜伽運動時也更輕鬆了。

現在的我們是三十五歲，卻感覺身體比起二十幾歲的時候更舒服、更輕盈，心情上也更輕鬆愜意，因此年齡越大則身體越差的理論或許未必總是成立。不過依然有些人會告誡我們並示意，待我們六十歲後就會知道後果，而與其後悔，我們決定不如就「賭賭看」吧！

雖然我們還不清楚「哪一套」方法是究極的，但假若真有這樣的健康準規存在，其實也難以讓人遵守，畢竟不少人連將一天中用來吃炸物的其中五分鐘拿來拉個筋都提不起勁，這時還要認真談論健康與否也頗為弔詭。拿我們本身來講，也未遵從大眾最為接受的飲食原則，反而覺得活在當下是讓我們目前身心感到最舒服的生活方式。更重要的是，我們真的沒有興趣一天到晚持續談論疾病，並將大部分的焦點專注在負面情緒，不如就讓我們將這個話題結束於此吧（笑）！

有關保險的議題，也有些人強調其保障的不是自己而是家人，亦即是為了不要讓自己變成家人的負擔，所以才規劃保險。不過我們真的能為家人進行萬無一失的人生計畫嗎？如果我們連自己的未來都無法掌握，其他人的生活又如何能安排得宜呢？

我們也認為沒有誰需要去承擔另一個人的生命發展，而且也無需擔憂任何人的生活，包括自己的子女與父母。過度的干涉與控制反而會弄巧成拙，如果保險這件事並不是自己當下真心享受去做，純粹只是因為義務或擔心而不得不做，最後令人煩憂的事情只會成真而已。

即使身在同一個家庭，每個人依然需要為自己的生命全權負責。不論是否進行保險，家人都有可能忽然就面臨需要獨立自主生活的情況，也許保險公司不理賠，也許還沒來得及核保就發生意外，也許理賠條件遠遠不夠，事實上有很多人連買保險的能力也沒有，因此那些能夠將保險視為必要的人實在相當幸福。

沒有一個人應該去依靠另一個人，值得仰賴的永遠只有自己。倘若真的遭遇到只有自己能幫自己的困境時，屆時應該慶幸家人早已幫自己鋪好一條安全的道路，還是我們可能不小心喪失了一路玩到掛的潛在勇氣？事前未進行完美準備究竟是一份痛苦的境遇，還是能夠讓我們學習成長的禮物呢？又要從何得知呢？

要知道有些人連三餐都不繼，更不用想額外規劃保險或退休生活，因此能夠擁有閒錢和餘裕投入理財保險已是得來不易的福氣，此時感恩生活、好好照顧自己，行有餘力伸出雙手幫助他人便是最重要的事情，其餘還有什麼好擔憂的呢？

## 3. 擔心他人批評

除了金錢之外，第二大常見的恐懼就是來自周遭親友的眼光。雖然自己內心渴望離職，但同時似乎也無法接受他人對自己貼上「不務正業」的標籤，而倘若發現自己真的相當不喜歡被人議論的話，那麼對於離職的念頭，現在可以就此打住了！

世界上不存在一個人可以完全讓另一個人滿意的案例！就算親朋好友支持我們離職創業，也不代表他們在其他生活面向就不嚼舌根。基本上要讓自己的所作所為全數符合他人期待是異想天開，同時也表示在乎他人的眼光往往是不太必要的。

此外，在尚未採取行動之前，我們就先煩惱從事某項工作可能會遭人非議，則某種程度上表示自己可能也不太認同那份工作吧！甚至只是羨慕其中的一部分特質而已。例如：有些人可以抬頭挺胸的表示自己在做直銷事業，並熱情大方邀請他人的加入，且從談吐之中就能感受到他對產品的喜愛與信任；但有些人覺得抬不起頭，卻又一邊貪圖以此達到財富自由，十分矛盾！

不是困擾於創業主題困難，也不是擔憂創業過程可能過於艱辛，反而是害怕自己會被說話的話，其實代表自己並沒有很認同離職創業。而且自己想做的事情被他人稍微評價一下就輕易退縮，也顯示對此的熱情並非真心的，因此不如直接省下思考這件事情的時間，並拿掉親友對自己批評反對的憂慮，反倒兩袖清風、清爽舒暢！事實是我們根本無法去做一件自己不認同的事情。

如果只是純粹不滿意現有工作才忽地興起離職的念頭，建議還是不要輕舉妄動得好，而要是在意的其實是現有薪資低於自己的期待，則試著跟主管好好溝通，或是索性換一間性質類似但福利更好的公司即可，有時候暫時不離職也能解決當下的問題，尤其金錢方面更是，而貿然遞出辭呈屆時還可能後悔莫及。

# 哪些事不要勉強自己去做？

培養良好的習慣好像已經變成許多人的人生功課，彷彿若沒有辦到，人生的汙點就洗不掉一樣。而且很多時候習慣的養成已經流於一件為做而做的事情，一旦細問自己的動機為何，恐怕也只是人云亦云而已。多數人渴望擁有毫不費力的運動習慣、閱讀習慣、學習習慣、健康飲食習慣等，但往往一拖延就是好幾年，然後日復一日煩惱著。

我們認為既然是會拖延的事情就是對於自己而言過於勉強的事，因此當下其實不需要去做（事實上你的確也沒有去做）。像我們不論在運動、閱讀與少食方面，從不願勉強自己定期要達到何種目標，如同我們不喜歡職場上一直有個頂頭上司要求我們做各種瑣事，就連當初信仰佛教的媽媽希望我們吃素，我們也打從心底不願這麼做。凡決定要做一件事，我們一定是自己真心想做，而動機也是來自於自己內心的觸發。

對一個人而言，是否真的存在一件必須要去做，甚至勉強自己也該去做的事呢？這樣的一件事在多數人身上也會同時成立嗎？

當絕大多數人都表示運動很重要，運動就真的就很重要嗎？既然重要，選擇不做的人是認為其不重要嗎？定期固定運動的人能以此洋洋得意嗎？我們是否應該以多數人的意見為重呢？對於醫生和營養師提出的概念，身為普通人的我們是否照單全收即可？他們也是一般人，難道不會有說錯話、辦不到與偷懶的時刻嗎？況且期刊和論文總是不斷推翻前論，終極的答案該不會沒人敢打包票？

我們可以先假設培養運動習慣確實相當重要，不過現階段的自己可能在工作和家庭兩方面都忙得焦頭爛額，於是絲毫安排不出額外的時間去做運動，這時難道我們要離職嗎？還是先忽略家人與小孩呢？這樣的論述看似有些不近人情，但實際上邏輯並無不對，不少人雖然認為自己重視運動，但潛意識依然偏向選擇等到自己「不再忙碌」的那天再說，或是待到身體逼迫我們停下來的時候，才會不得不正視。

倘若目前實在無法撥出工作和照顧家人以外的時間去進行定期運動，或許意味著工作與家庭比起自己的健康更加重要，或是表示自己其實沒有想像中這麼認同運動的重要性，所以才一直沒去做；抑或感覺自己目前的身體狀態頗佳，即使不運動也無所謂，比起這個，還是先努力賺錢存醫療保險費比較實際些？

再換個角度來思考，假設現在忽然發生了嚴重的火災或地震，我們勢必會馬上放下手邊的事情逃命去，也顯示它的緊迫性與重要性，因此現在我們選擇暫不去做某些事情，某種程度上也代表這件事對我們來說還沒那麼重要，也還不急，我們甚至無需現在就去煩惱該事，畢竟當下擺明就是沒有時間讓我們去運動，邏輯推導至此，我們也不需要「花時間」煩惱一件不可能的事，對吧？

我們在離職後的前三年都只專注在工作上，除了創業相關的事情，其餘看似十分重要的運動或健康飲食等良好習慣，都無法走進我們的生活當中。雖然長時間工作致使我們時常腰痠背痛，身體的不適感再明顯不過，但我們還是一點都提不起運動的想法，每天早上起床之後只想趕快開始工作，金錢擺放在第一。

我們其實也認知到當時的自己能力有限，無法什麼事都兼顧，只能一次處理一件事情，剛開始確實也只能先照顧好工作這件事，而且能夠將手上的一件事做好對我們而言就已經不簡單，即使代價是身體痠疼僵硬。不過後來我們也發現腰痠背痛並不完全是久坐工作造成的。

每個人都希望自己變得越來越好，而讓這個過程慢慢的進行應該也是可以的吧？

學生時期的我們一開始就只知道認真讀書，然後讀著讀著就接續去考取大學。此時的我們完全沒有獨立思考的能力，甚至不曾想過自己喜歡的生活，事後回想其實這樣也沒關係，如同前述提及，預先知道或遭遇困境洗禮都是禮物，只要過程中有覺察反思與學習檢討即可，於是我們很單純的好好讀書，盡學生的本分，後來畢業應徵上了金融業的高薪工作，和身邊的同學走上相似的道路，接著工作四年後決定選擇放棄，可謂旁人眼中的失敗。

不過至少我們認識到自己並不是從事金融業的料，雖然乍看之下好像白白浪費了四年的時間，對有些人來說或許無法甘願接受任何沉沒成本而選擇繼續待在原先工作，但我們反而認為自己是及時停損，沒有讓痛苦繼續堆疊下去。

在發現自己擅長整理物品，且有能力幫助別人整理家裡後，我們便決心開始當整理師，然後也為了打造事業品牌意象而開始研究與架設個人網站，結果意外習得 Wix 網站設計能力，於是我們又嘗試兼職擔任 Wix 架站設計師；接著又因為實踐極簡生活後很有心得，希望將自己的想法分享出來，並且同時留作紀錄，於是我們又變成了 YouTuber 和部落客。就這樣我們持續受好奇心的驅使，一直不斷體驗不同的生活型態，然後也逐漸了解自己對於工作的偏好與能力。又基於自己一次只能專注於學習一件事情的緣故，因此創業前期便沒有多餘的時間與能力可以安排在運動這件事情上。

從學生時期開始，除了體育課之外，我們從來不運動，雖然家人也經常叮囑與告知我們身體過於僵硬，柔軟度甚至還比年長的他們還差，長期下去恐怕會影響健康，但我們還是對運動不感興趣，上班之後更是忙得不想運動，甚至離職創業後又更加忙碌，心情上似乎也對運動嗤之以鼻。即使如此，身體還是默默的照顧著我們，一直到我們離職三年之後，才因緣際會的踏上了瑜伽之旅，然後真正開始進行較為頻繁的定期運動。

離職後五年，在總算對運動提起興致後，現在的我們覺得身體狀態相較以往變得更好，體力與柔軟度也大幅改善，雖然我們應該算是很晚才開始養成運動的習慣，但對目前的成果頗為滿意，而當初確實真的就是做不到，因此果然不用事先給自己煩惱呀！

我們正視自己的能力不佳，沒辦法同時兼顧工作、運動、飲食、人際關係等各個面向，於是也免去懊惱與自責的時間，當下就決定只先處理一件事情就好。首先我們等工作上手，並提高工作效率，有餘裕之後才到瑜伽教室，開始跟著專業老師學習運動；而習慣將運動納入生活之後，多的時間才開始上圖書館研究健康飲食相關的資訊；而再等到飲食也較能掌握後，才又更積極修練自己的硬脾氣以及人際關係管理。

其實以上每個項目都是「大專案」，不循序漸進也不行，若想要一次同時兼得便是好高騖遠，每個習慣的改變就算花上三至五年也不為過。多數時候我們對各種目標的貪念讓我們總是高估自己的能力，但是先承認自己的能力不足，並且每次都心無旁鶩只專注於一個當下最重要的項目，才是達成理想的真正捷徑。

我們發現當不刻意勉強自己去做那些所謂「應該做的事情」，而將焦點鎖定在當下自己最渴望的事物上，結果不知不覺之中，我們竟然一一辦到了許多書中所提到的概念，於是我們更加肯定不需要在一開始就勉強自己，甚至還讓自己的心情烏煙瘴氣，卻仍一無所獲。

每個人在每個階段能辦到的事情本來就不可能一樣，各自擁有迥異的個性、能力、興趣、生活背景，以及對生活也有不同的期許與嚮往，而且對每個人而言，所謂重要的事情恐怕天差地遠，如同每個人對「努力」與「未雨綢繆」的定義也可能差了十萬八千里，面對別人能做到的事情，即使我們做不到也無所謂。若能先將自己目前願意做的事情盡力完成，且總是全力以赴的認真做、慢慢做，同時放下擔憂與預期，直到整個過程被揮灑得淋漓盡致，這時才比較可能將手上這件事做得理想。如果我們連現在自己能辦到的行動都不能先專心面對，還能妄想做好那些我們現在根本辦不到的事情嗎？

雖然也會有人擔心並認為即使自己再忙，也應該把運動和學習等良好習慣放在心上，一有空時就能多多少少完成一些，以避免把身體搞壞或是失去競爭力。

當然也確實存在這種可能性，但這種想法往往就是對於目標的貪念，一不小心又落於不切實際的妄想中，而未認清自己的能力。

當事情太多的時候，我們容易被分散注意力，能力也會被分散，這就好比當我們認為自己擁有的所有物品都十分重要且相當需要，而實際上卻沒有這麼多的時間與精力去使用每一項物品時，往往只是讓家裡的物品呈現多而雜亂的狀態，甚至布滿灰塵，這時我們口口聲聲說的重要性便顯得相當薄弱，然後我們更加無法清楚究竟哪個物品比較重要，直到它們不堪使用，最後不得不被我們以垃圾處理，而我們的時間和精力也都因而分散和瓦解，只能用在丟棄雜物上！

隨著每次整理物品或檢視自己的生活，我們應能越來越清楚到底是一次處理很多事情、擁有很多物品比較容易讓我們最後完成更多事，還是一次只專注一件事情、只擁有自己時常會用到的少量物品才能讓我們完成更多事！每個人適用的情境與生活方式或許也都不同，需待自己去一一探索挖掘。

我們不僅不喜歡勉強自己，也不喜歡別人要求我們該去做什麼，因為當一件事情是「應該去做」的時候就會讓人心生反感、徒增壓力。如同我們可能都不愛聽父母的碎碎念，長輩越是要我們去做什麼，我們往往就越不想去做。畢竟一件事情若非自己希望嘗試、渴望去做，通常無法做得順利。與其如此，不如不勉強自己，亦不給自己壓力，在內心放鬆的情況下，事情反而會做得更好。

# 拖延症讓自己好痛苦怎麼辦？

「拖延」的概念是我們人類「妄想」出來的名詞，實際上並沒有什麼事情是需要勉強自己去做的，或者應該說不存在什麼「應該做（努力）的事情」，而既然沒有「應該」，則沒有「勉強」，也不存在「拖延」一事。對我們而言，真正「應該做的事」就是「不要勉強自己去做『應該做的事』」。

其實索性放掉那些讓自己痛苦的桎梏，人在當下就能輕鬆了，但我們往往連丟下與自己相伴已久的枷鎖也感到膽怯。人之所以會拖延通常是因為面對的是自己不喜歡卻又認為不得不做的事；如果是自己熱愛之事，想必早已一股腦兒的投入進去，甚至旁人也難以阻止。

我們的頭腦或許認同活在當下以及不再勉強自己的概念或益處，但由於已經長期受到慣性思維的影響，一時間也很難不在意他人的言詞與想法，因此尚不能立刻決心善待自己，此時不妨可用行動來測試看看到底是哪件事情最讓我們深感痛苦。

既然我們腦袋轉不過來，連思考也已經派不上用場的時候，就只能透過身體行動來深刻學習了！

假設我們認為「現在沒時間或懶得運動，所以才沒有去運動。」但腦袋深處依然想著養成運動習慣也不錯，則可以試著比較以下的行動測試，並覺察看看何者對自己來說更痛苦一些。

在維持現有工作不變的情況下，如果暫時犧牲下班之後的休息時間，或將追劇等娛樂時間移轉至運動，並行動測試一天、三天或七天，然後深深去觀察自己是覺得不能進行休閒娛樂活動來抒發壓力比較痛苦，還是一直拖延不去運動並帶著健康的疑慮比較痛苦。

在實際嘗試運動兩、三天之後，假設發現自己下班後真的太過勞累，平時若不透過追劇來犒賞自己便不舒坦，而辛苦運動這件事反而剝奪了三天的歡樂時光，並讓自己感到十分痛苦。在深刻感受過後，我們應該就比較能夠把運動這件事情放下，而這個經驗也能印證自己在辛苦工作後所帶來的痛苦，必須先由追劇和休閒娛樂來平衡，當下額外納入運動的項目只會增添痛苦。

相反的，你也可能發現下班後開始嘗試運動，結果意外能緩解辛苦工作後的疲勞，甚至意識到過去追劇時其實好像加劇了疲累感，兩種行動所產生各自的快樂與痛苦性質似乎不太一樣，而這樣的結果也是可能存在的，因此每個人的真實感受不盡相同，只有親自用身體行動測試才會理解箇中差異。

當你越來越能得益於小小的行動測試，便能開始體驗規模更大的行動挑戰，類似的運動抉擇可以改為以下情境：將需要透過追劇或其他休閒娛樂活動方能補償身心辛勞的工作，換成更輕鬆或是自己更喜歡的版本。

假設換掉工作之後，發現工作變成了自己享受生活的元素之一，甚至還想多花時間沉浸其中，頓時可能發現自己不再對追劇上癮，或是投入更輕鬆的工作模式帶來更多的時間，於是自己開始有餘裕安排運動時光，或許在這種情況下，運動拖延的問題就在當下立刻消失，當然初期適應工作轉變所迎來的不適是否會比原本運動拖延所產生的煩惱和痛苦來得少，也是需要親自行動測試後才能知曉專屬於自己的答案了！

由於人都有「趨避痛苦」的屬性，亦即我們都會去選擇「自己感到相較沒那麼痛苦的選項」，因此透過不同情境的比較分析，可以幫助我們了解何種生活模式是自己比較不喜愛的，也就更能接受當下的生活選擇，不過前提也需要知悉自己所了解的潛在選項是否過於狹隘並釐清自己對其真實的感受。

如果覺得要進行這些行動測試或分析各種情境是另一種痛苦，而「維持行為不變但持續煩惱自己擺脫不了的拖延狀態」反倒較不痛苦，那麼這也算是自己審慎思考過後的最佳選擇和決定，但求心安即可。

以上「運動」的情境試想也可以替換成「閱讀」、「學習語言」、「培養一項新的興趣」等，在時間有限的情況下，如果我們想要「增加一個新行為」，勢必需要「取捨一個舊行為」的時間，因此「增加」會產生好處、「犧牲或減少」則會產生痛苦，而兩兩相互比較後就能越清楚自己的偏好。

這也好比當我們想要維持現有住家的清爽和整潔程度，但同時又想要添購一個物品，則勢必需要淘汰掉部分舊物品，否則住家留白的空間美感將漸漸被覆蓋。

許多事情其實可以通用相同的概念。首先可以試問自己是覺得犧牲空間的清爽感比較痛苦，還是不購買新物品比較痛苦，抑或添購物品但同時淘汰掉舊物品會更加痛苦？當然也能看自己是否願意承受更多辛苦工作賺錢的痛苦，便能花錢買更大的生活空間，如此就能同時達成「享受購物、不用捨棄舊物、維持空間清爽感」三種目標，不過當然也是需要付出代價來換取。

類似的概念也一樣能應用在飲食方面，我們自己認為「現在想吃什麼就吃什麼，即使不去克制口腹之欲也可以」，雖然美食當前，頗難阻止自己不去吃甜食、蛋糕、飲料，但你總又會想著應該必須吃得健康一點，此時不妨再嘗試分析以下何者情境所產生的痛苦較能接受。

究竟是「想吃什麼就吃什麼，但飽受他人或自己對自己飲食內容與身材的批評（無論胖瘦）」比較痛苦呢？還是「克制自己享受美食和甜點好讓身體變得健康，但精神上感到很壓抑且心情很差」比較痛苦呢？或者是選擇「將美食和甜點減半，改成減少澱粉主食，並以甜食取代，讓自己多少有滿足一點口腹之欲，但又有進行一些健康的配置」比較不痛苦呢？還是「一口氣吃個過癮，乾脆的將欲望填滿到底後，從此就不再碰甜點和飲料」比較不痛苦呢？

生活中實在有許多可以讓我們嘗試的做法和選擇，只要持續探索和時時刻刻觀察自己的感受，我們就能越來越接近自己偏好的理想生活，且無須於此刻有任何預期！

# 不想行動不一定是懶惰

有些人認為自己會拖延的主因是自己很懶散，於是劈頭就先批評自己，但我們歸納出除了懶惰之外，還有其他三個可能原因會造成拖延。

第一個原因是，「解決問題的先後順序」有待調整。

有些人很想要養成「隨手物歸原位」的習慣，但在我們還沒澈底整理過居家環境，而且不了解自己真正生活需要之前，培養這個習慣是沒有什麼意義的，也非常難養成。尤其為自己根本不會使用的物品找到它們的家，最終只是放著落灰而已。

第一步先透過好好檢視與整理自己所有的物品，並讓空間變得整齊而清爽，然後我們便會油然升起維護這個美好生活空間的心，順手物歸原位的行為也會變得自然而然，甚至不需費吹灰之力就能養成這個習慣。

又例如，有些人希望培養「定期閱讀」的習慣，但在沒有明確的愛好或動機之前，硬去接觸一項自己從未試過的事物本來就很具挑戰。

我們國中時期也曾經認為自己必須多去閱讀課外讀物來充實自己，尤其身邊的同學都在閱讀金庸小說，甚至對讀後心得能夠侃侃而談。我們卻翻個幾頁後便覺得文字過於艱深而很快放棄，於是常常不知道大家在說什麼，雖然感到氣餒，但也無能為力。

直到後來進入職場，開始感到許多痛苦，於是開始主動尋求各式書籍的協助，來解決自己人生的疑難雜症，結果一下子就讀了好多書，甚至後來還在 YouTube 頻道上為觀眾「說書」，這種轉變想來真的很不可思議！

我們慢慢的確信，人在沒有足夠有力的動機時，其實任何習慣都難以建立，反而等到時間到了，並遇見了想為自己做出一些改變的契機，則自然而然水到渠成，不用逼迫自己也能讀得下書，甚至讀得津津有味。若是讀不下去，只能說現在的生活過得很好，並沒有什麼急需解決的困擾或痛苦，這樣不也是很好嗎？更無需因為周遭他人的行為而增加自己的壓力。

維尼在不久之前開始想要學習畫漫畫，對一個從來不曾畫畫的人來說，這似乎是一件相當具有挑戰性的事情，而維尼又是如何把畫畫這件全新的行動納入原本的生活當中呢？

第一，原本的工作已經更加上手。不論是剪輯一部影片或撰寫一篇文章，所花費的時間與精力都比以往減少許多，於是便空出更多時間可以嘗試其他事情，而這時候學畫畫的想法剛好不請自來！

換言之，如果維尼原本的時間早已被工作或其他事情塞滿，則即使生出學習畫畫的念頭，恐怕也不可能成立。

第二，維尼給自己長達二十年的時間來慢慢學習。提起一項興趣本該是為了享受過程與沿途的風景，因此不勉強自己，亦不給自己壓力是理所當然，這也是我們最偏好的生活方式，否則一開始不如別投入。二十年之後，只求畫出一張自己滿意的圖畫就已經足夠。

如果以前都不太讀書的人，現在卻想要在一個月內讀完兩至三本書，或是以前都不太運動的人，現在卻想要在一個月瘦兩至三公斤或是增加幾公斤的肌肉量，如此勉強自己並給予自己無謂的壓力和目標，最後常常只是遭致失敗，並提高批判自己的機率而已。

第三，維尼認爲只要在紙上畫出一條線，就覺得自己成功了！面對自己完成了以前從未做過的事，縱使是這樣小小的改變也十分不容易。簡單一筆的背後可能還包含找出一本適合的空白畫本以及一支鉛筆與橡皮擦的前置作業，最重要的是，一顆不帶預期而放鬆的心。如果畫了第一條線之後仍然覺得很有趣，自然就會再畫出第二條、第三條線，而每一條線的經驗都會一一刻印在手裡，然後隨著自己的經驗不斷累積，不知不覺中也會越畫越好，其中細微的變化或許我們渾然不知，直到後來也不知道自己是如何以及何時變強的，既然不給自己壓力也能進步，爲何一開始就先勉強自己呢？

第四，比起成爲畫技很強的畫手，維尼更想體驗的是「觀察自己的變化過程」。包括自己會學到什麼地步、畫畫的實力或畫風會變得如何、又會有什麼心態上的轉變，甚至就連何時可能會放棄畫畫這件事也感到很好奇。能夠在自己身上挖掘未知的可能令人十分興奮，我們樂於看到自己的生活有許多意想不到的變化，畢竟一成不變的生活讓人覺得無趣，而充滿變化才能玩得開心盡興。

動機是培養習慣的重大關鍵，它應該與自己有關，而不是源自於他人。比方說，「運動習慣」的養成若只是因為多數人覺得很重要而決定去做，基本上就很難達成。尤其運動又是一件明顯會讓身體勞累的事情，而很少人願意「為他人」付出這麼多，每個人終究最在乎的是自己，因此習慣的培養也不例外。

我們以前在工作之餘也曾經嘗試過跑步、爬山、跳舞、游泳、有氧運動等不少項目，試圖找出最適合自己養成定期運動習慣的項目。沒想到每試一項，就想放棄一項，這些運動對我們來說都太過困難，每次做完都累到不行，幾乎要勉強自己才有辦法繼續撐下去。不過我們依舊選擇去嘗試各種看似有趣的運動類型，直到遇見瑜伽。

瑜伽是唯一一項在我們做完之後不會氣喘吁吁，且身體覺得舒服放鬆的運動項目，甚至還能幫助我們好好睡覺，於是我們總算找到下次依然會想再進行的運動方式。自從離職之後，我們更是只想做那些讓自己感到舒服的事，而不是做起來又累又喘，還很勉強自己的事，即使這件事是為了「健康」！

過去的經歷讓我們發現只要活在當下，並專注於自己當下想做的唯一一件事，同時不用想得太多，然後潛意識中想養成的習慣或行為就會在無形中逐漸達成。若還未養成的習慣只是代表，當下自己還不需要或是時機未到而已。誰會知道自己這一生究竟需要建立哪些習慣？尤其當我們刻意去追求或培養某些習慣，會不會反而壓縮到了其他更適合我們的習慣或行為呢？不如還是順其自然、放鬆生活更舒坦些。

第二個造成拖延症的原因可能是「吃得太飽」，而這是我們在嘗試有趣的「少食生活」時意外的發現。

一個人之所以會「拖延」，或許不是因為本身很懶散或不思進取，而只是吃太多了！

我們吃飽飯後常常會覺得腦袋變得遲鈍，接著想要午睡休息一下，或是一到下午便想打瞌睡。其原因很有可能是身體在進行大量食物消化的工作，然後壓縮到其他身體部位的運作。例如：腸胃在消化時就可能無法馬上進行運動，或是難以進行需要動腦筋的企劃研究、讀書或是寫論文了。

除此之外，如果我們早餐也吃、午餐也吃、下午茶點心也吃、飲料也喝、晚餐也吃，還外加宵夜，腸胃就會處於隨時都要進行消化工作的狀態，而身體的其他部位或是腦袋自然就無法充分發揮功能。

為了了解飲食對我們自身的影響情形，我們著手進行過飲食的行動測試。結果發現，當吃得比較少的時候，身體比較不容易遲鈍或感到昏沉，早上起床後若肚子不感到飢餓，我們就選擇先不吃早餐，而在有睡飽的情況之下，其實從早一路工作到下午依然能一直維持好精神、高活力的狀態，因此工作效率極好，也不會有想要拖延的問題，同時省下額外去研究提升工作效率與時間管理的方法。

當然以上是我們自己身體實驗後的發現成果，未必適用所有人。也許有些人是吃得越多越有精神，或是吃了甜點和飲料後更有活力。因此不妨每種方式都去試試水溫，漸漸就能找出造成自己拖延的真正原因。

## 第三個造成拖延症的原因可能是「形式不適合自己」。

有些人會糾結於自己閱讀的書籍太少或看得太慢，不如其他人的閱讀量。但其實現今學習的形式和管道多不勝數，並不是只有透過「書本」才能提升自己。如今網路專欄文章、YouTube 影片、Podcast、線上課程、直播或是實體講座、各類課程應有盡有。

有些人適合用「閱讀的方式」進行學習，另有部分的人習慣用「聽的方式」來進修，也有人喜歡透過「看影片的方式」來汲取知識。因此比起執意養成閱讀的習慣，先去找到適合自己學習的方式，可能會更輕鬆順利，並能減少拖延的情況發生。

# 努力應該要到什麼程度？

人除了有「趨避痛苦」的屬性之外，其實也有「渴望成長、挑戰自己」的特性，而若想要努力成長，又該要多努力才行呢？什麼程度才堪稱努力？什麼程度又會淪為勉強自己呢？

由於每個人都是不同的獨立個體，所以僅有透過親自不斷嘗試和調整才會知道「勉強自己的邊界」大約在哪裡？如同一杯溫水某些人感覺有些燙、某些人感覺有些涼，而我們的基線則是不去做「內心聲音不想做的事」，不論它是否賺錢、辛苦、健康、危險、可怕。基準就是很單純的這麼一條。

其實一件事是否賺錢、辛苦、健康、危險、可怕，終歸是自己的定義，而每個人能承受的標準依舊不同，人生中難以料想到的突發事件也出奇的多，我們後來深深感覺到人是多麼渺小與無知，連如此描述都不夠說明其程度，因此妄想要事前安排與規劃或判斷事物的「好與不好」、「該與不該」常常到頭來都是空想，最終只需要問自己「想或不想」就好，如此一來也更簡單與輕鬆。

有些人喜歡極限運動，像是高空彈跳、走鋼索、徒手攀岩或騎越野摩托車等。雖然也聽過有人因此而喪命，但他們的內心覺得是勉強自己嗎？明明有相當高的機率可能失去性命或受重傷，為何這些人仍執意要去挑戰？我們猜想也許他們現在不去做，內心可能會痛苦到彷彿失去性命般也不一定。

我們雖然不喜歡勉強自己，但我們也很喜歡挑戰自己和成長進步的感覺，而這兩件事情是不衝突的。

我們認識到自己不喜歡金融業的工作、不喜歡通勤上班、不喜歡每天在固定的時間待在固定的地點，於是離開了會「勉強自己」的職務。但是我們改為主動透過整理師、自由接案、YouTube 拍片以及寫作的嘗試，進而體驗到了能夠挑戰自己和學習成長的美好感受。

初步先去接觸一件「或許會」讓我們體驗到挑戰自我與對新奇事物的美好感受，但是實際測試了之後，如果忽然發現自己開始產生了負面情緒，或是漸漸感到十分痛苦，則可能是快要達到「勉強自己」的邊界了。

情緒是一個鮮明而精準的訊號，因此採取任何行動時可以隨時隨地觀察自己對各項事物的情緒反應，然後我們也能藉由這個持續的練習越來越了解勉強自己的臨界點。而這個邊界，當然也有可能變化。

有些極簡人嘗試進行「一年都不消費」的自我挑戰，但在過程中卻讓自己深感痛苦，則代表這件事情已經是勉強自己，適時放棄也無所謂。

也有些人誤以為實踐極簡生活不該穿顏色鮮豔的衣服，於是將自己的所有衣服都換成了黑、白、灰三色。實際上，每個人可能都有自己喜歡的服裝色系，卻因為誤會了極簡的涵義而壓抑自己內心的渴望，於是讓自己生活得彆扭又不盡興，完全與極簡理念背道而馳。

過去我們曾經想要挑戰某本書中提及的「二十八天生機飲食」生活實

驗，但到了第六天時突然想要吃個酸種麵包，然後我們就順從內心並毫不猶豫的去買來吃，不願勉強自己的想法深嵌內心，因此我們不覺得所謂的「半途而廢」有任何問題。無知而渺小的我們可能根本不曉得「半途而廢」是否真的是「半途而廢」，抑或是偉大生命的美好安排。所以達成目標很好，但是沒有達成目標也很好，畢竟我們至少享受了美味的麵包呀！

一旦內心感覺不對勁或是覺得自己情緒不佳、身體不舒服的時候，就是可以調整的時刻，這也就是觸及「勉強自己」的訊號。其實試圖找到一個標準固定的生活方式反而不自然，如此不完美的我們進行隨時隨地的變化與調整並無問題，完全不去校正自己才奇怪呢！

當興起想要挑戰少食生活的念頭，結果發現只吃七分飽讓自己很不舒服，則當下可以立刻調整為八分飽。而在第一次的修正後可能依然感到不對勁，那就可以再進一步改為九分飽或少吃一口飯就好，直到不再勉強自己，然後找到現階段最舒適的小挑戰，理想的生活就應該如此有彈性。

我們喜歡的瑜伽老師常常告訴學生在拉伸動作時，要好好感受自己的身體界限，尋找筋絡有感覺卻又不被過度壓縮的角度與位置，而每個人的體感與接受範圍不一，只有自己嘗試摸索後才能享受既挑戰又舒適的鍛鍊過程。

在決定開始固定運動之前最好有這樣的心理建設，如此當我們發現要求自己每天運動其實相當吃力而想要逃避時，就能適時調整為每週五次、三次或一次，如果覺得這樣的安排依然在自己的能力範圍之外，就可以再調整為二十分鐘、十分鐘就好，簡單的一分鐘與簡單的一條線都彌足珍貴而有意義！自我學習在初期固然可以先參照他人的菜單，但更需要的是隨時依照自己的練習狀況彈性調整，畢竟我們是人，而不是機器人。

追求自己喜歡的工作也是相同的概念，如果覺得立刻離職會壓力太大，難以承受，則從下班後開始撰寫文章來試試水溫，一步步慢慢摸索出「不勉強自己」的邊界在何處。尤其隨著自己的能力逐漸提升後，舒適圈的範圍還會越來越擴展，同時又能享受更多挑戰自我和學習成長的樂趣！

# 如果寫信給七年前的自己，希望預先改變什麼？

如果問自己「若有機會可以回到過去，你會想跟當時的自己說什麼？想給他什麼建議？」

我們覺得什麼也不需要說。

即使過了七年，我們也不認為現在的自己足以給予過去的自己適當的建議或忠告，而且也一點都不想干涉過去的自己，尤其每一個交叉路口的各條道路會引領到何種結果，以及自己將會有哪些收穫根本不得而知。而正是因爲過去的那個自己夠無知、夠痛苦，我們現在才能過得那麼好。如果一開始就先破梗，或許現在的我們也不是我們了！

我們不會回去告訴自己別念財金所，別去金融業上班，因為這樣我們就無法體驗足夠的職場痛苦，或許我們的外在與內在生活也不會如此豐富！

我們不會回去要求自己減少去咖啡廳的次數，然後多節省日常飲食花費，並多存點錢，因為這樣我們就不會付不出房租，也不會去打工換宿，更沒有機會開啟游牧生活，並體驗更簡單的幸福生活。

我們也不會回去跟自己說別去建立整理師的預約平台，也別找那一家網站公司幫忙製作網站，更不要浪費那四十萬元，因為這樣我們就無法讓存款歸零、讓生活歸零，然後看清自己覺得真正重要的事。

我們感謝那些讓我們感到極為痛苦的事情，因為「夠大的痛苦」才能讓我們學會與體認真正需要了解的事；反而要痛不痛的狀態不足以讓自己想要改變。不過似乎有不少人都處於這種「要痛不痛」的生活狀態，簡單來說，就是嘴上說說與抱怨，但還沒有到非得改變的情況。

例如：有些人覺得上班的痛苦相當明確而鮮明，但談及離職時又開始為這份痛苦開脫罪名，然後表示目前的工作負擔其實也還能負荷、主管與同事的人品也不錯、薪水也算穩定，因此想離職又不想離職的衝突想法同時困在腦海裡，並將自己卡在一個「要痛不痛」、「不知所措」的狀態，於是我們反而覺得遇到討人厭的主管和同事、委屈的工作以及與職務負擔不成比例的薪水，其實是件好事呢！

再者，有些人工作時常需要應酬喝酒、大魚大肉，但面對身體健康的態度卻是認為只要吃個胃藥，然後週末多睡一會就好。若是腦中雖然想改善飲食並建立運動習慣，往往直接先被懶惰打敗的話，我們反而認為不如把胃吃到出了問題，讓身體感到極度不舒服，然後促進自己願意去正視這件事情或許還更好呢！

其實仔細觀察後會發現，每個行動都有好壞兩面、苦樂參半，因此面臨該要經歷的痛苦，我們一件也不想錯過，而且越早體驗越好，所以如果有時光機器，我們並不會想讓過去的自己「更好過」。不如早一點痛一痛，且長痛不如短痛，然後就能開始享受輕鬆自在的生活，而這才是我們最為偏好的。例如：整理物品時，生活空間將面臨最為混亂的狀態與過程，不過一旦度過，就幾乎不會再更糟了！

回首這七年經歷的痛苦，我們覺得還是挺划算的，只要七年的時間就能換得現在自由自在的輕鬆生活，可謂相當值得，雖然過程中所見幾乎無法事先預想到，卻比想像中更加美好而豐富，也正因為有前面的痛苦存在，才能顯示出現在的生活有多可貴。

其實所有的事物皆是比較而來，苦與樂亦是。人生並沒有客觀事實，而只有主觀體驗。

由於我們總是將每件事情都劃分苦樂，於是沒有一人能夠略過挫折、規避痛苦。不過透過經驗這些自設的痛苦後，我們也才能認識痛苦、熟悉痛苦，然後開始不再害怕痛苦，進而享受痛苦、看淡痛苦，並不再視其爲痛苦，而只是生活的體驗之一。

此外，完全沒有半點痛苦的生活將十分無趣，如果事先就知道自己整個人生的軌跡與過程，然後避開所有的痛苦，並安穩的照著劇本走，這種已經知道所有劇情的節目還有必要演下去嗎？

痛苦的存在其實是一份帶著警示的禮物，如同從錯誤中學習一般，假設我們想要學會游泳，鼻子不先嗆個幾次水或不誤喝幾口泳池的水，怎麼學會與水和平共處？要是學習游泳時直接揹著氧氣筒和呼吸管，雖然很安全，但還有必要學游泳嗎？

面對眼前的痛苦和恐懼時，我們選擇的不是「確保自己很安全」、「避免任何痛苦的發生」，或是「避免讓我們害怕的各種風險發生」，而是去「了解狀況」。

我們剛上班不久的時候，由於菜鳥的自己什麼都不懂，於是每天都十分緊張，也總是害怕自己做錯任何一件事，甚至在聽不懂主管交辦的事情時，連該不該開口詢問都猶豫不決。一開始的確是錯誤百出，然後不停彌補自己所犯的差錯，每天都忙得不可開交，但錯誤的經驗不斷累積後，工作也越來越進入狀況，後來漸漸就不再擔憂和痛苦了。

上班過的老手都知道，當自己想要特定資料時應該要找哪個部門、打哪一支分機、何時打過去、找哪個人才能要到自己想要的資料、哪位主管喜歡看怎麼樣的數字和表格、用什麼樣的口氣和描述才能讓報告快速通過等，不過要熟知這些眉角之前，若沒有先被各個部門同事、主管和客戶給過各種臉色，或自己的報告被數次退件過，也是不可能明白的。這便是從錯誤中學習，且「了解狀況」之後就能不再害怕。

剛畢業的新鮮人因為「不清楚」上班的狀況，所以會擔心恐懼，且需要時間適應。但資深老鳥就可以處於自在的狀態，也能準時下班；同理可推，如果擔心自己沒錢，其實也只不過是「不清楚」沒錢的狀況，而只要嗆過幾次水後就能了解水性，因此存款歸零讓我們明白了真實的狀況，然後發現跟我們原先想像的不一樣，甚至是絲毫想像不來的樣貌。理想生活並不是想辦法讓自己「避免沒錢」的狀態，這就好比帶著呼吸管和氧氣筒卻想學會換氣一樣，如此即使有了呼吸管，在投入泳池時依然會怕水。同樣的，在未親身進行行動測試的情況下，即使有了不少錢也依舊會害怕自己沒錢，只要「不清楚」，永遠都會「害怕」，且一直都會處於「要痛不痛」的窘境。

如今的我們，在聽到別人找到自己認同的理想生活時會替對方感到高興，而如果是聽到別人對目前的生活感到很痛苦，也還是會替對方開心，這是因為我們知道他將離自己的理想生活更接近，如同過去的我們一樣，每每經歷一次大痛苦，就能「更清楚」，還能獲得一份無法想像的大禮物。

因此當其他人感到痛苦的時候，我們其實不怎麼擔憂，也覺得不需要在乎，並不是因為我們不具同理心，而是痛苦其實不是我們所認知的痛苦，而是理想生活的加速器。

現在的我們也不再特別想要把簡單生活、極簡生活或是做自己等概念傳遞或推廣給更多人知道，就如同我們也不會想幫助或干涉七年前的自己，畢竟他所遇到的所有事都很好。

我們之所以繼續寫作與拍片純粹是為了整理自己、表達自己和享受生活，而其他人也都在過著自己當下最偏好的生活，凡是過程中勉強了自己自然就會遇到痛苦，此時痛苦也會澈底教導我們一切，因此他人的規勸或關心並不是那麼重要，如人飲水，冷暖自知。

勉強自己也好，不勉強自己也好，痛苦都會帶領我們到適合我們的所在，最終我們皆會抵達相同的地方！

第三部

# 關於金錢與價值的思考

離職至今，

我們發現原來心靈相關書籍上所寫的

「做自己真心想做的事不會餓死」是真的，

而且我們還吃得很好，且生活得很開心！

# 人一生需要花多少錢？應該選擇開源還是節流？

現在網路上有很多電子資源可以幫助我們試算自己的一生究竟要花費多少錢，而我們曾經看過其中一則分享表示，一個人平均最低限度的生活費可能需要兩千五百萬元方足夠。而想要過得再奢華一點的人，可能會需要存到五千萬元。

一聽到這些數字，相信很多人便深感壓力，然後開始緊張兮兮並擔憂自己不知該怎麼做才能存到這麼多錢，接著又該如何開源與節流等。其實我們在七年前也是這麼想的，所以才會在當時加入親戚提議的直銷會員，希望透過增添額外收入來源，以儘早達到這樣的人生目標，幸運的話還能提早退休。

提到「開源」的方式，其實相當取決個人的性格、偏好或合適度。有些人可能比起多數人更擅長從事直銷活動、有些人偏好彈性的外送工作、有些人享受在嚴謹體制下認真上班並循序漸進升遷加薪、有些人則渴望離職創業或發展斜槓、有些人喜歡鑽研股票投資或虛擬貨幣交易等。不論是哪一種開源方式，都需要我們投入一定的精力和時間才有可能收穫，甚至過程不免也會遭遇挫折或失敗。因此如果開源的方式不適合自己或是做得不開心，甚至難以長期堅持下去，則開源的效果就會很有限。

開源項目的選擇以及該付出多少程度的努力才不至於勉強自己，這些已在前述的章節提及，而一旦我們預期非得達到某個特定成果，則往往會不如所想，也容易支付更多代價。

如同我們為了開源而硬逼自己持續待在不偏好的職位上或從事不適合自己性格的直銷活動，時間久了就會感到不開心，甚至會花更多的金錢在享用美食和娛樂上來補償自己受損的情緒，也許最後還患得憂鬱症，甚至額外花費原先不必要的醫療費用也不一定。如此一來，選擇這樣的開源方式所得到的收入，最終可能仍是一場空。

從過往的經驗反思之後，我們決定在「開源」方面不再去預設人生必須賺得多少收入或堅守哪些理財目標，而是選擇把握最簡單的一項原則，即是「只做當下內心想做的事」，畢竟我們一點也不想委屈自己去賺難賺又讓自己不開心的錢。

此外，當我們無法掌握「收入面」的時候，「支出面」就變得相對重要，而我們採取的做法就是「有多少收入才花多少支出」，亦即當我們賺得收入比較多時，我們就可以思考嘗試不同的生活方式，凡當下內心有所觸動時，我們可能就去住想體驗的旅店或到較貴的餐廳嘗鮮；而當我們賺得比較少時，我們就申請專業換宿或租房子，然後吃得簡單一點，而喜歡的電影也少看一點。

我們寧可消費少一點，但不去賺不想賺的錢或進行金融商品投資。而這純粹僅是我們個人的生活偏好與選擇。當然也會有人較不希望犧牲自己平常的生活水平或無法妥協特定開支，同時能夠接受在固定時間與地點報到的工作，或也願意在正職工作之餘花費心力去研究第二種以上的收入模式，這樣的選擇也很好，但凡是自己主動選擇的生活方式便是當事人的最佳理想生活。

值得考慮的是，許多開源形式都存在多數人所不喜歡的「不確定性」。即使是選擇「以時數換取收入」的工作形式，包括打工、外送或接案，乍看之下，自己實際付出多少時間就能賺取對應的收入，但接案來源及其穩定性仍需考量評估，更不用提如投資、創業等開源方式存在顯而易見的風險，尤其全球急速變動再自然不過，像是新冠疫情也是來得讓人措手不及，使得在公司上班似乎也未必保證能夠長久穩定，而提高工作時數或費時研讀不熟悉的資料，也可能帶來身心壓力與相對應的支出成本，或許這些都能都一併綜合考量，畢竟現代人重視利益物質勝過身心健康居多。

在我們儘可能綜合評估之後便意識到，對我們而言，最為理想的僅僅是當下內心想做的工作，而它也可能隨時變動，然後我們就依照當時賺取的收入量入為出，並相信那是當下我們需要的體驗或能藉此學習反思的契機，而這樣的生活方式對我們來說也最為簡明輕鬆，且更能讓我們心無旁騖的專注在當下最想做的事情上，腦袋與時間都能更有餘裕。

接下來談及「節流」的方面，在經過一段時間觀察與檢視日常生活行為與盤點物品之後，我們發現自己最大宗的支出就是住宿費和伙食費這兩項，因此基本上只要掌握好這兩種費用，就能減輕許多生活的負擔了。

不過我們面臨最大的問題就是，無法為了刻意省錢而選擇居住在相對便宜但環境雜亂的地方。由於極簡而舒適的環境是我們頗為重視的生活條件，因此多數時候房價似乎也不易妥協。而在飲食方面，我們也難以選擇十分便宜但卻不好吃的食物，如此我們又應當如何省錢呢？

## 住宿費中有多少浪費在閒置空間上？

身為無殼蝸牛族以及室內空間特殊癖者，我們過去看過的許多房子中有高達九成以上都不太符合心意，凡格局不方正的、基本風水不佳的、不夠通風的、光線不足的、窗戶太小的、窗外視野不夠開闊的、裝潢太複雜的、配色不自然的、環境不夠乾淨的、視覺噪音太多的、空間太大的、收納櫃太多的、看起來打掃時會很累的，我們都不太能接受。

後來意外發現青年旅店的存在，並深覺這種居住型態與環境設計優於一般常見的住家空間，甚至隱含共享的理念，而且多半裝潢簡約且以留白為其主要風格，因此首先滿足我們最為重視的生活條件，不過價格自然也較高，畢竟我們還是兩個人一起入住，必須支付雙倍的房價，於是當初在我們收入還不高時，便先透過打工換宿或專業換宿的形式來取得較優質的住宿環境。

我們認為一個人的居住環境其實會大大影響生活與工作效率，進而影響一生的命運。

若是不像我們對居住環境有特殊堅持，且對生活環境包容度較高的人，其實也能直接選擇單價較低的居住處所，不僅可以省下更多的住宿費用，也不需要額外付出時間與勞力進行換宿，只需要依照自己的偏好來整頓居家空間並定期維護。

在物價飛漲而薪水不漲的現今，曾經也有些觀眾和讀者建議我們何不直接住在老家就好，既能省錢又能陪伴家人，一舉兩得。不過由於我們的家人對於居住環境品質的標準與我們很是不同，在觀察自己每次回老家時工作效能都明顯下降許多，還很容易受到食物的誘惑而分神，似乎我們在清爽少物的空間中較能專注於創作，因此我們最終仍然選擇住在自己偏好的環境當中，否則就算節流，工作方面可能較難順心。

在整理與檢視自己生活實際所需的物品好幾回之後，我們也漸漸正視自己最在乎且最想實踐的理念，而提起勇氣去放下根本無所謂的負擔，於是我們的家當越來越少，也不再需要太大的居住空間。在過去游牧生活的那段期間，我們一個人也只需要一張單人床位的空間便已足夠，連大型的收納櫃也不必要。而這個發現讓我們又驚又喜，原來生活可以比自己想像得更加輕鬆，如今為了方便拍片而開始租屋，但十坪以內的空間就相當符合我們兩人共同生活的需求，甚至就算再少個幾坪大概也沒問題，因此兩人每月合計租金大致上可以控制在一萬元以內。

雖然省錢只是極簡生活的微小好處之一，但省下不少費用是千真萬確。比如，在我們找到自己喜歡的穿搭風格之後，便不太需要雙門的衣櫃，頂多一支開放式的吊衣桿就足以支應所有衣物的吊掛與收納需求。不但省下收納櫃的支出，也釋放更多的生活空間，讓環境更寬敞愜意，自然也就不需要更大坪數而更貴的居住空間與收納櫃體。

不過一位熱愛時尚且享受各種不同衣物穿搭的人，勢必會有不一樣的居住選擇，或是一位擁有收藏愛好或特定興趣的人，可能會需要較多的存放或展示空間，這純粹僅是不同的生活面貌而已。即使因而需要以更多的收入來源支應相關居住費用，但若這些事物能夠帶來個人的快樂與幸福，或是其實本來就是靠這些物品賺取直接或間接收入，則自然無需在特定項目上刻意節省。尤其當一個人心情愉悅且投入當下，則通常工作表現和生產力會呈現極佳狀態，往往也同時會反映在收入面，如此也不容易再因刻意自我勉強或克制欲望，而造成額外購物或飲食方面的補償性或報復性花費。

不過究竟要如何確定自己的各項花費與物品，都是自己所熱愛且能夠幫助自己專注於工作並發揮所長，而非無意識的浪費呢？

我們認為最簡單的方法就是，「觀察」自己的「使用行為」即可！

假設你有三個衣櫃，但實際上常打開門片的只有其中一個衣櫃，而在不打開衣櫃的前提下詢問自己另外兩個櫃體大致上放置哪些物品卻幾乎回答不出來時，則也能很清楚自己的「使用行為與習慣」，顯然另外兩個衣櫃所占據的居住空間及其延伸的緩衝空間，都造成了房租的浪費。原本可能只需要支付十五坪的費用卻變成了二十坪的費用，平白浪費了五坪空間的租金。若以一坪一千元來計算，每個月頓時損失了五千元。而要能找到每個月穩定產生五千元淨現金流入的投資，應該也不算容易。

實際上，我們能夠管控的衣物恐怕不多，如果夠仔細觀察自己平時的穿搭行為，或許就會發現自己真正需要且願意穿上的衣物，沒有想像中多。而且其實許多喜歡時尚且熱愛穿搭的人，都是善用單品與配件的搭配來做出變化，他們的衣櫃未必很大，卻依然能夠穿出質感，於是更加體現了少卻能精，多反而雜或有廉價感。

我們也觀察到許多住家經常會特意設置一間「儲藏室」，而這個每坪房價沒有比較便宜的空間並不是拿來讓人享用的，而是拿來堆放幾乎用不到的雜物與灰塵，甚至一放就是好幾年。而且由於較少使用，容易忽略整頓，因此經常呈現雜亂無章而導致難以取物，於是等到真的需要使用某項物品的時候，反而找不到而索性選擇重新購買新的，結果再度浪費更多不必要的支出。

換句話說，我們嘗試努力賺錢，然後存錢買了一間三房的房子，但最後實際的使用需求可能只有兩房的空間，若假設房屋的價格是一千兩百萬元，結果我們只用到八百萬元的部分，則其餘四百萬元的空間便成為了負擔與浪費，而這便是我們在「住宿費」方面可以審慎思考和考慮節省的地方。

再來假設我們工作的平均時薪是每小時五百元，則四百萬元相當於是八千小時的工作時數，若以一天工作八小時來計算，則相當於一千天，約當三年左右的時間。若再考慮其他生活費，所需的工作時數還得拉長，這些時間或許已經能夠經營起自己夢想中的一個小副業，甚至帶著這四百萬元也能夠比較沒有壓力的選擇自己更偏好的工作模式並實現自我。

這麼說起來，居住環境甚至可以影響一個人的職涯發展，也難怪許多極簡人都各自發展了許多興趣、愛好、創作或事業，因此清爽簡潔的空間似乎除了能讓打掃變得更輕鬆，還能讓腦袋的雜訊變少而更能專注於工作，也節省了許多非必要的花費，讓人更能無壓力的做自己。

此外，我們在挑選租屋物件的時候，也會特別選擇「沒有廚房」的，因為歷經一段時間的行動測試與自我觀察後，我們發現自己並不常下廚，也不擅長下廚，而且還是常常會想吃在家很難料理的各種外食。過去若真要烹飪時，我們通常只用一臺電鍋蒸煮所有的食材，或許是因為對做飯興趣缺缺的緣故，其餘的步驟對我們來說都有些複雜繁瑣，因此最後也只需要一張能夠放置一臺電鍋大小的小茶几即可，而一整個廚房空間在我們身上會是大材小用，於是也進一步讓我們省下廚房空間的費用。

當然享受烹飪的愛好者大有人在，我們純粹只是不喜歡隨之而來的清潔工作，雖說現今已有許多電器可以取代人力，像是掃地機器人、洗碗機、廚餘機等，不過這未嘗又是另外一筆支出和維護成本，並無法全然的單純享受下廚的快樂，當然並不是因此就需要感到絕望，凡事本來皆有一體兩面，而人的偏好也各有不同，自己若能接受與缺點和平共處則都是好生活。

由於我們希望自己能儘量避免金錢的浪費以及食品的浪費，而一道料理往往會需要各式食材與調味醬料，甚至比起其他物品更需考量保存期限的問題，若未細心管理，常常其中一項就會在不知不覺中過期而我們渾然不知，且也容易造成環境的髒汙與臭味。對現代人而言，食物的取得方式太過輕易，但廚房生活卻不是想像中簡單，於是我們也認清自己沒有這方面的能力與多餘的精力來摸索學習這一塊，而每個人都有自己的興趣與熱情所在，因此不一樣也沒關係，實屬正常。

此外，多數人工作繁忙，且剛好台灣的外食生活如此方便，有時候自己煮火鍋或烤肉的花費也不比直接到餐廳消費來得便宜，甚至還有後續的收拾與清潔問題。

不過這同樣也只是一體兩面的情況，畢竟親手 DIY 絕對更加有趣，否則標榜自己做蛋糕的教室不可能順利經營，不過我們也會更偏向到這種專門店偶爾體會自己料理的樂趣就好（笑）。

其實觀察不斷推陳出新的廚房電器用品與冷凍食品也能窺知一二，現代人就算偶爾想要自己煮飯，也很少真的願意花長時間進行大火料理或燉煮多菜幾湯，反而喜愛使用簡單的小烤箱、氣炸鍋等懶人電器，並購買快速加熱就能享用的包裝食品。因此若能夠仔細觀察自己的日常行為，我們就比較不容易浪費無謂的金錢，也能降低每月支出的壓力也不一定。

# 有小孩，家中一定要兩房以上嗎？

有些人會激昂表示，因為自己有小孩，因此無法住在空間太小的地方，且至少需要兩房以上方足夠，而極簡生活就更是遙不可及。

我們或許可以說，有家庭的朋友會比單身的朋友多出不少小朋友的相關物品，但極簡生活訴求的始終是留下並珍惜自己真正有在使用的物品，而非數量的多寡。倘若身邊擁有的都是實際幫助自己生活更方便與美好的事物，而沒有產生多餘的浪費，即是極簡生活的真實樣貌。

若是苦苦追求空無一物的特殊室內畫面，而未思考自己的生活行為與習慣是否與現有的物品一致，則變成本末倒置。因此，可以先觀察的是家裡是否有空間其實已經變為儲藏室，或者家中的兒童房真的是適合小孩成長嗎？還是此處早已淪為大人暫放物品的雜物區？如果確實都是小孩的物品，則究竟是他們真正所需，還是其實只是滿足大人的欲望呢？

我們從一出生就借住在台中的姨嬤家，媽媽則在台北獨自打拚，且一直到我們出社會都不曾有過屬於自己的房屋。而我們從小由姨嬤帶大，直到高中畢業，期間並沒有屬於自己的獨立個人房間，平常睡覺時都與姨嬤一起同睡於一張床。念書時所使用的空間與書桌椅，則是姨嬤過世的先生以前的書房，後來也是姨嬤兩個小孩（我們的表舅和表姨）的書房，接著我們姐妹就在這裡一起念書、一起玩耍、一起看漫畫、一起偷吃炸物，於是這間服務三代人的書房，就陪著我們從幼稚園一路到考上大學之前，因此我們發現小孩需要的物品和空間不用多，也不用多特別，只要延用大人本來在使用的即可。

我們在孩童時期所擁有的物品不外乎就是學校發的教科書、上課時會用到的文具用品，以及我們用零用錢買來的漫畫書與CD。而當我們長大且已經不再使用這些物品之後，除了童書、文具與玩具已被姨嬤拿去送給親戚與鄰居的小孩，隨著我們每次回老家時自己清掉一些，再回收一些，某天就全數處理完畢，也不再需要讓姨嬤辛苦的清潔已無用武之地卻經常落灰的物品。因此現在我們離家在外租屋，常用物品自然放置身邊，老家則已無我們個人的物品或家具，而那間陪伴我們十八年的書房依舊是原來的樣子，彷彿我們從來沒住過一樣，但我們每一至兩個月就會回家探望家人，彼此深刻濃厚的愛一直都在。

由於我們目前單身，不僅沒結過婚，也沒生過小孩，或許分享這樣的觀點會被質疑毫無說服力，但我們也曾經試想若自己有小孩，其實並不會認為一定要給孩子一個獨立的房間，甚至附有一張兒童專用的造型床，而是會選擇在公共區域放置一張可供讀書寫字的共用書桌或餐桌，然後買一兩個功能彈性的實用三層櫃用以放置書本、文件和文具，睡覺時則多鋪個床墊即可，服裝方面除了制服之外也只需要兩三件可替換的休閒服或運動服，畢竟大概大學開始自己想要學習打扮之前，穿什麼都是副孩童樣（笑），因此重點是活動起來舒服，且讀書用的桌椅好用適切，而其他的物質生活都不太重要。

假設我們有小孩，平時應該會時常帶他去公園、書店、圖書館、博物館或電影院這類的地方活動，也許不會買太多玩具和童書給他，而是儘可能透過借閱或租賃的方式。畢竟小孩成長迅速，許多物品很快就會面臨不適用的階段。在家時就彼此多多聊天、搞笑、一起看 YouTube 影片，然後在地板上鋪上巧拼打滾伸展與做做瑜伽，就跟我們兩個人現在的生活一樣，只是多了個小夥伴。

我們認為小孩到高中為止的生活重心都是讀書學習和放鬆玩耍，就像我們自己當初一樣，因此不需要過多的收納空間，也不太需要買大人自以為能幫助他的個人物品給他，反而在生活過程中多去了解孩子的興趣與熱情所在，讓他得以發揮。而現今的學習資源在網路上都很容易取得，且透過交換捐贈或二手交易的管道，更是能輕鬆獲得相關的設備與器具，因此學習才藝並非需要花費高額的支出（包括我們成年人自學也是），尤其等到他上了大學、成年就業、在外租屋後，也會有自己個人的想法並渴望獨立的生活，接著也會開始為自己的人生負責，而任何想要的事物也是自己努力去追求，不就像是我們自己當初成年後離開父母一樣嗎？

孩子長大後、畢業後、有了對象後，說白一點，其實就與我們沒有什麼太大的關係。如此描述並非過於冷血，反思一下，我們自己年輕時不也急著脫離父母的掌控，雖說不是不愛父母，而是人生說長不長，每個人都想要過上自己理想的生活，也有自己想追求的目標，如果僅留下互相尊重、彼此信任和偶爾一起吃吃飯的關係，並沒有什麼不好，但恐怕不少人連這個也辦不到。

我們自己在重新檢視並建立與母親的新關係之後，更是認為「做自己、活在當下、發揮個人所能、有利於這個世界」就是對他人與對家人最好的貢獻，相信對待子女也同樣適用，而並不需要執著於特定關係的形式或相處的模式。

秉持著這樣的價值觀之下，我們認為小孩需要的不是更大或更多的物品與空間，而是大人的關愛與尊重而已，因此在住宿費方面也不需因此而增加太多，畢竟有了愛，什麼都不缺了！

不過如果你有能力且也享受給予小孩各式各樣的資源，並希望豐富他的童年生活，而這樣的生活當然也很好，前提是不讓自己反而擔憂日常生活的支出太高，或是家裡總被堆積的小孩物品弄亂而心煩，甚至造成物品找不到而需要重新購入的窘境。在確立自己真正重視與需要的事物之後，則任何的生活都是個人最佳的選擇，而這也是極簡生活的核心精神！

# 移居到更適合自己的縣市

在進入金融業工作之後，我們一開始很自然的就認定自己一定會一直待在台北上班。尤其銀行總部幾乎都坐落於台北，工作機會也比較多，而大學與研究所同學也多數選擇在北部就職租屋，屬於難得的同業人脈，再加上我們的媽媽和如同媽媽一般的小阿姨也早就定居於此，於是已然熟悉這個環境的我們，完全不認為自己會離開台北生活。

其實當我們誤以為自己只能在起初最為熟悉的地方工作和生活時，就在不知不覺中限縮了許多的可能性，甚至會偏向對自己早已做出的選擇進行辯護，也容易失去潛在降低生活費用的機會，無形中便忽略了放下金錢壓力的選項，於是最終我們能夠想得到的，似乎只有尋求其他更多的開源或投資方式。

台北市和新北市聚集全台最多的人口，雖然就業機會最多，但五花八門的消費機會也多。我們原本以為在台北工作是最能獲得漂亮的薪資待遇，不過實際上花費上也更多，加上這裡的生活步調快速，且瀰漫一股隱形的競爭意識，讓人壓力頗大，而這樣真能更快的累積人生財富嗎？

我們當然未必一定要選擇離職創業，但我們非得長期居住在某個特定縣市嗎？其他地區不比目前住處有優勢的項目包含哪些呢？試想這些好處真的都是自己生活中必要的部分嗎？如果減少這些相關開支是否對生活有重大影響呢？若願意考量排除，則有沒有其他地區可能更符合自己的理想呢？甚至在未嘗試之前，能夠斷定不改變就是最好的嗎？我們可以細數思量身在台灣的特別之處，或許便是不少地區都值得讓人好好生活，甚至生活水準比我們想像中的還要好，而不只限定一處。

此外，面對同樣的工作內容，我們有沒有可能選擇能夠提供在家工作或遠距工作形式的公司呢？如此一來，也能考慮住在物價較為低廉的縣市或地區，省下每天通勤的費用和時間。而且要是大家的居住地點能夠分散一些，也許台灣的房價就不會那麼高了呢（笑）！

透過常見的投資理財來增加收入是一種選擇，而改變既有的工作形式或地點，進而降低房租和交通費用也是一種選擇，甚至兩者一起搭配也是一種選擇。因此只要我們多多思考與接納生活的各種潛在可能性，生活的負擔一定可以減輕不少。

當初我們還在上班的四年期間便是生活在台北市，並居住在中山區的四平商圈附近，此處的生活機能佳，且交通十分便利，更有許多餐廳、小吃、飲料店、銀行、按摩店、電影院，而捷運松江南京站只需走路幾分鐘便能抵達，因此那時候的我們認為自己沒有意外則應該就會在台北市的中山區生活一輩子。

接下來離職之後，我們依然認為自己會一直生活在熟悉的台北市，畢竟我們習慣它的風格、它的步調、它的氣息，甚至它的特殊度，因此創業初期的前三年，我們遊走於台北各大青年旅館，然後享受自在的數位游牧生活，直到有一天內心聲音把我們帶往台中。

對我們來說，居住在台中和台北的感覺截然不同，或許是在台北生活了好一陣子，於是在搬到台中之後，忽然覺得台北相對較為擁擠或密集些，而台中的建築物和道路頓時放大，且環境也寬闊許多，連帶內心都莫名開闊舒暢了起來。由於台中的生活步調明顯較為緩慢，在受到這種環境與氛圍的影響下，我們發現自己容易急躁的內心頓時更加平靜與舒緩下來，而這種感覺是我們以往不曾擁有過的，但是感覺意外的好，也再次印證生活環境果真會影響一個人。

若先排除台中也有的高檔餐廳與娛樂活動，台中的物價確實低了不少，許多餐廳小吃不僅更便宜，分量卻更多，於是我們兩個人經常一起共享食物。而在住宿方面，同樣坪數的套房租金也比台北更低，但品質不打折扣，我們才發現原來生活選擇真的可以改變！

如果可以讓自己擺脫在特定地點工作的限制或是每天通勤到公司的限制，並試著去了解早已有許多先行者嘗試的在家工作、遠距工作、自由接案、游牧生活，或到外縣市生活等的其他選擇，也許可以為自己的生活打開更多可能性，同時減輕一些困擾自己許久的負擔與壓力，只要從一小步開始即可。

# 住房型態所隱含的價值信念

有些人無法離開現有居住地點的理由，是考量親朋好友目前都住在同個縣市的緣故，但稍微仔細觀察後可能會發現自己因為生活繁忙早已忘了上次和親朋好友相聚的日子，或是僅在逢年過節才習慣性的拜訪聚餐，甚至等到被丟了紅色炸彈才順便久違的同學會，部分的人還可能因為面對過多應付性質的聚會而深感壓力，而這樣的頻率與相聚品質是否真的值得我們住在一個每坪六十萬元以上的地區呢？

若是能嘗試思考選擇一份自己喜歡的工作型態，然後住得較遠卻負擔更輕的地區，再試算一年北上或南下往返與親朋好友相聚時的交通費用和住宿費用，也許整體負擔未必會比較高。如果自己真心想要省下居住相關費用，則我們應該用更整體的視角來精準試算自己的實際生活狀況。

另外，也有些人在選擇居住地點的時候偏好「管理員代收包裹」的服務，其實在某種程度上也反映了自己「經常進行線上購物」的行為。至於潛意識會預期自己需要一直購物的想法，也是值得我們去檢視的。由於附設管理員的大樓往往也需要額外每月支付幾千元的管理費用，而居住坪數越大，管理費就越高。

如果自己原先就已經偏好選擇居住在機能方便的都會區，其實無論是日常採買或是超商取貨基本上都已十分方便，甚至也有不少即時外送快遞服務可以支援，因此每天能代替自己收取包裹的管理員服務或許也不是那麼必要，有的話可謂加分，但沒有的話也完全沒扣分。

以我們自己為例，目前身邊所環繞的物品基本上都已能支應生活所需，並且讓人感恩，除非自己又有了想嘗試的新行為或挑戰，而讓生活有了變化，否則我們不會從一開始就預設自己會時常購物且需要不斷領取包裹。因此提供管理員的住宿選項，通常不在我們的考量範圍之內，我們自然也不會想額外花錢在我們用不到的服務上，而當真的需要進行線上購物來滿足特定所需時，透過超商取貨服務對我們來說就已相當足夠。尤其身在台灣能享受到的便利宛如天堂一般，無論寄貨速度、收貨據點與取貨彈性都令人驚嘆。至於住在一個提供代收包裹的公寓大樓內是否反而會促使更多的購物消費，或許就因人而異了。

此外，有些人選擇附有管理員的社區大樓是基於「安全性或防盜」的考量，認為這樣比較能夠杜絕小偷或強盜的闖入，其實這與預設自己會經常線上購物雷同，也和我們前述提到的「未雨綢繆」概念一樣，倘若未來所有可能會發生的不幸之事都必須要全數納入考量，則我們的固定支出只會越疊越高，於是煩憂越多，消費越高，也讓我們容易習慣處於憂愁擔心的慣性思維之中，內心也會常常陰鬱不開闊，萬一真的發生什麼偷盜意外，不如就對自己說一聲「錢乃身外之物」就好！

當我們重視精打細算與投資理財時，或許同時也可以回歸思考和檢視一下自己在準備進行每一項消費支出之前，其背後隱含的潛在思維或信念為何，有時候這才是幫助我們找出無意識花費的真正關鍵。

# 少食生活，既健康又省伙食費

除了住宿費之外，第二大宗的支出就是伙食費了。

我們在觀察到也許自己不需要太多物品或太大的居住空間之後，不曉得為何也有了更多心思真正開始正視健康的重要性。而在搜集一些資料後也多了一份疑問，即我們真的需要吃進那麼多的食物嗎？除了少吃宵夜和零食之外，一日三餐的飲食方式究竟是我們身體實際所需，抑或同樣早有過量的情形呢？否則營養知識與醫療技術越來越先進的現代何以疾病卻增多，甚至人們對健康的煩惱也變多。

在我們離職創業之後，常常發現自己在早餐吃完過後就一路埋頭苦幹到下午，甚至晚上，然後才意識到自己肚子餓了，接著才去買晚餐來吃，於是不知不覺中就自然的變成了一日兩餐的飲食生活。而且我們也發現有些 YouTuber、自由接案者和創業家有類似的情況，於是發展成這樣的飲食傾向。有時候相當投入於工作的他們，可能因為一早就開始工作，然後整天就只有吃晚餐這一餐。

回想起以前上班時期，公司都有午休時間，而一到中午十二點，我們就會準時去買飯、吃飯，接著下午通常會有一段想要打瞌睡的時刻，然後好不容易撐到下班，往往也會想找個好吃的晚餐來犒賞一下自己一整日的辛勞，外加一杯手搖飲料。當時一點也不會覺得自己的飲食方式有什麼問題，至於會常常想打瞌睡或是頭腦變得昏沉，我們推測多半只是因為工作太操勞而已。

在離職之後，我們先花了三、四年創造專屬於自己的工作，然後花了一、兩年慢慢整理與家人的關係與其他的人際關係，接著花了幾個月的時間建立瑜伽的運動習慣，最後才開始意識到「飲食」這件事。

當初最先發現的是，我們一早起床之後其實肚子並不會餓，即使不吃早餐也能有精神且有活力的開啟一天的工作。有時候若選擇吃了早餐反而會讓肚子有些飽脹，而身體在進食過後也會略感遲鈍，精神較不易集中。此外，若是一天省下了早餐的費用，一個月下來意外能存下不少錢。

假設我們平常喜歡吃早餐店的薯餅、蛋餅或豬肉蛋三明治，價格約為三十至五十元不等，再另外點一杯中杯或大杯的冰奶茶或豆漿，價格約為二十至三十元不等，則一個月的早餐費用總計約為一千五百元至兩千五百元，由於我們兩個人一起創業，因此一個月便能省下三千元至五千元。這對創業初期的人或是共組家庭的夫妻來說，也能降低不少壓力。不過我們決定不吃早餐的原因並非基於省錢的理由，尤其當時我們還住在青年旅店，早餐已經算在房租內，不吃還不划算呢！

我們主要是為了擁有更強健的身體，同時實驗看看「餓了才吃、不餓了就停下來」的飲食原則會對我們有何種影響，而這樣的嘗試也能省下不少餐費。一般來說，只要吃到七分飽便不再覺得餓，而餓了才吃則一天頂多吃到兩餐，因此進食的分量會比以往再少三成至五成，亦即伙食費用也將省下30%至50%。舉例來說，若一個人原本每月需要花費一萬元的伙食費，則在選擇七分飽的飲食方式後就能進一步省下三千元至五千元。

其實光是移除掉用不到的居住空間，以及讓自己經常腦袋昏沉的過量食物，我們每個月就可以在住宿費與伙食費上省下許多金錢。而這樣的方法或許比找出一個可靠的投資標的來得穩健與明確，而且居住品質還能更提升，思緒則更清晰，身體也更舒適無負擔！

若能夠同時做自己喜歡的事情與工作，我們也能不再需要不斷透過美食來犒賞或補償自己，進而造成過多的情緒性進食，畢竟能投入喜歡的事情本身就是極大的犒賞，因此工作的選擇其實也會間接影響伙食費用，生活的各個面向就是這樣環環相扣！

# 最經濟的飲食是有意識的飲食

「一日三餐」以及「餐餐要有蔬果、澱粉、蛋白質和脂質才能達到營養均衡」是我們從小就習以為常的觀念。但隨著我們不斷探索自己的生活，也閱讀了許多他人的書籍和生活經驗，並且持續覺察自己的內心與身體感受，我們開始質疑這樣的概念真的適合我們嗎？

從學習「極簡生活」開始，我們不斷檢視自己對於物品是需要或是想要，後來我們也練習「少食生活」，於是也開始檢視自己對於某些食物是需要或是想要，然後漸漸意識到飲食跟整理物品的道理也許十分類似，既然每個人適合和喜歡的物品都不盡相同，或許適合自己的食物也會因人而異，而非根據特定或固定的營養標準或健康原則。

我們也可以說，就算「極簡」和「健康」其實都有絕對標準，然後所有人都朝著這個方向努力，但我們終究不是超人，不可能老師一點就通，即使達文西親自教畫也無法讓人當天畫出蒙娜麗莎，依然需要審視自己當下的能力並透過不停的練習方能達到。就像三年前、五年前與十年前的我們，擁有著全然不同的物品與生活，而現在適用的標準顯然十年前的我們也辦不到，此時特定的標準變得較為次要，而適合不適合當下的自己才是關鍵，且學習的過程應該多點彈性與溫柔。

我們自己大概花了兩年的時間閱讀並嘗試了許多飲食相關書籍講述的方法，然後發現自己並不需要一天三餐，於是很慢的從一天三餐變成一天兩餐，然後偶爾不疾不徐的一天一餐，有時候甚至兩天一餐並搭配果汁或豆漿等飲品，而且都是依照自己身體當下的感覺並在不勉強自己的情況下進行。

有趣的是，進食分量的減少帶來的，並不是身體逐漸變得虛弱無力，反而精神更好、身體更有活力，同時睡眠品質也提升，於是我們意外發覺原來飲食生活和極簡生活竟如此相像，比過去更少的物品與食物，似乎帶來了更理想舒暢的生活品質，因此如果真心想控制伙食餐費，不如就從「有意識的飲食」開始吧！

## 交通費跟工作選擇息息相關

當我們在考慮及評估如何管理某項支出時，會追根究柢並試圖釐清該項費用最終到底是因何而起，因此通常都會全方位、整體性的綜合分析。我們發現，住宿費和伙食費兩者都與工作性質息息相關，當然「娛樂活動」也是，而交通費的存在，也與「工作型態」有著極大的關聯。假如住宿費、伙食費及交通費這些基本生活支出的負擔已經超出負荷，考慮放下或是換掉工作可能會是比較「治本」的做法。

如果一定要在都會區工作卻又無法負擔相對高昂的住宿費，於是選擇改至郊區居住，此時交通費將隨之提高。包括大眾運輸工具費用或是開車產生的相關費用，而且交通費會成為工作期間完全無法變動的「固定成本」，甚至也可能多出其他費用，如停車費、行車紀錄器購置費等，因此儘可能綜合評估與多方檢視會更理想。

在離職之後，我們發現自己可以選擇住在任何地方，且不再需要特別考慮交通是否方便，也不再受限於住處與上班地點是否在公車或捷運的路線範圍內，而能找個視野更好、空氣更清新的地方生活。

維尼在上班時期的前兩年都是騎機車上下班，後兩年轉換到後勤單位則改搭捷運或公車。通勤期間對我們來說相當難熬，以前的我們很愛睡懶覺，賴床通常會賴到最後一刻，於是騎機車時總是一直在趕紅綠燈，然後一邊吸進各種汽機車排放的廢氣。而搭公車或捷運時也同樣不停在趕時間，然後朝著公司的方向不斷往前奔跑，並與其他路人搶道，結果每天早上都趕得滿身大汗，然後一進公司又被強大的冷氣吹得直發抖，明知道只要早起一些應該能改善狀況，但常常睡不飽的我們依舊改變不了晚起的習性，現在回想起來覺得頗為辛苦呢！還真的是一點都不想再經歷一遍！

騎機車通勤的那段期間，油錢是一定無法省下的，尤其還需要常常騎車到客戶公司協辦相關業務，因此使用量不低。此外，機車也需要定期換機油、換電瓶，還有換一堆我們其實也不太清楚的東西，有時輪胎磨平破裂或座墊損壞也需要更新。此外，不論跑客戶或和朋友聚餐時也需要找車位，額外支付停車費。雖然機車代步的便利性清晰可見，但我們自己卻感覺時不時需要為了機車維修保養而持續付出不少費用以及許多時間，也讓我們難以想像若是開汽車的話，還有辦法考慮財富自由這件事嗎（笑）？

實際上，我們發覺騎車或開車比較像是練脾氣的修行，畢竟路上不是所有人都按照我們的想法來駕駛。此外，一旦我們可以騎車可能就不會想要走路，或是可以開車就不會想搭乘大眾運輸工具，其實無形之中生活就會有種一直處在搶快、趕場的感覺，甚至不自覺認為不應浪費時間，於是生活也容易處於緊繃的狀態。重點是還會不小心減少了散步運動的機會。

我們觀察到有些人會特地騎機車或開車去健身房，然後抱怨花了錢卻得排隊使用器材，令人不禁納悶的是，與其花油錢騎車到健身房，何不直接快走或慢跑到健身房路口，然後再一路運動回家就好？雖然特定器材適用特定健身目標，不過在確定自己未浪費健身房月費之前，先透過免錢的方式培養運動習慣應該才是我們的第一步，尤其現今不花半毛錢就能享用的運動資源與方式實在很多，若能將運動這件事再多思考一些，勢必可以省下許多費用與時間。

與騎機車或開汽車相比，搭乘大眾運輸工具所產生的交通費用可能相對平穩一些，如果每天來回通勤的支出約五十元至一百元，則二十個工作天約為一千至兩千元，然後週末假日搭車出外踏青，甚至到更遠的地方旅行，或是回老家看家人，一個月的交通費用可能會累積至三千至五千元。

不過若是能夠選擇在家工作或遠距工作的形式，則可以節省的交通費用也不少，還能額外省下運動相關費用。現在的我們最喜歡騎 YouBike，不管是去咖啡廳、市場、看電影，或到市區晃晃，共享單車的機動性相當高且幾乎免費，我們常常一騎就是二十至三十分鐘，不僅不用上健身房踩腳踏車就能運動，同時還能順便把我們帶到下一個目的地，省下另外撥出特定的運動時間以及移動時的交通時間和支出，而且一邊騎腳踏車、一邊迎著風讓我們的心變得更放鬆平靜，不再像以往騎機車時容易緊繃，也不用再跟時間賽跑，更不再需要送修保養車子，既省錢、又健康。

我們以前上班的地點是在台北市區，由於週末或假日時車站總是人擠人，然後又不希望搭台鐵時遇到沒有座位的情況，於是回老家時總是選擇搭高鐵。現在搬到了老家所在的台中市，雖然沒有和家人同住，而是自己在外租屋，但我們只需要騎 Ubike 搭配台中捷運或公車就能回到家，因此變得更頻繁和家人相聚，也能更有彈性的排除週末和晚上人最多的時候回家，而且台中市民搭公車前三十分鐘還是免費的。

做自己喜歡的事以及實踐極簡生活，讓我們在住宿費、伙食費以及交通費方面能夠省下許多不必要的支出，而這對過去上班時期的我們來說是不可能的，在深入分析自己產生各項費用的背後原因之後，或許想要真正的省錢，就得先去做自己喜歡的事！

# 精算自己「溝通」的成本

我們目前的工作主要是透過線上的方式，網路使用量非常大，評估過去的網路用量後，吃到飽方案會比較適合我們，而由於我們不再需要和同事通話，後來也不想再透過自由接案與客戶進行效率頗低的電話溝通，因此不太需要網內與網外的通話服務，市話的需求則主要與老家往來，最後我們兩人都選擇使用每月月費五、六百元的網路吃到飽方案。

我們目前也只使用手機的行動網路，並分享給筆電使用，不再額外升辦家用網路，如此也不用在家裡放置一臺基地裝置與相關線材，而這樣的生活方式既方便又清爽，不過前提是要先確認自己的住處適合哪一家電信公司，才不會遇到網路卡卡的狀況。

我們以前在上班的時候，自然都是待在辦公室使用公司的網路，只有在下班後滑滑社群網站、看看 Line 和 YouTube 時才會用到網路，因此網路用量不高，對網速的需求也較低，當時其實是更適合其他低資費的方案。

某種程度上來說，網路電信費也與工作模式有很大的關聯，如果是需要時常與客戶通話的工作，自然通話費就會較高，因此最終找到自己偏好且合適的工作依然滿關鍵的，畢竟幾乎占據自己一整天時間的工作顯然會全方面的影響我們生活的支出負擔、心情好壞、飲食習慣、居住環境、通勤方式、醫療保健方式等，實在值得慎選。

若改與客戶透過線上通話軟體溝通也不錯，但除了考量節省費用之外，彼此找出更有效率的合作方式或許更加重要，有些人認為用說的會比較清楚，但往往也容易有認知偏差，甚至忘記自己或對方曾說過的話，因此搭配電子郵件與相關電子檔，應會達到更佳的合作溝通。

# 要存多少錢才能放心離職？

其實我們覺得存款只要有可供一至三年生活的費用，就可以離職了！一年的時間說短不短，已足以讓我們嘗試很多事情，也能大致了解「離職創業」是怎麼一回事，而不是外行看熱鬧，甚至可能開始有點進帳，不過如果希望再更保守一點，而想要準備三至五年的生活費也無不可。包括住宿費、伙食費、電信費、網路費以及學習進修費等，重點是不讓自己感到過於勉強。

我們先撇開需要砸資金開實體店面的創業選項，而是選擇一個人就能開始的線上創業模式，以前面舉例時試算的支出來看，如果選擇打工換宿，則住宿費用就是零元，而若考量租房子並控制租金在一萬元以內，且伙食費約莫五千至七千元，加上電信網路費一千元，接著保守假設其他費用或意料之外的支出約為五千元，則每月的生活支出總計為兩萬三千元，一年則是二十八萬元，三年便是八十三萬元，亦即有八十萬元就能離職挑戰一下不同的自己了！

實際上，我們當年是在存款接近歸零的情況之下離職的，結果到現在還是活得很好。因此在我們來看，只要存款不是負的，並且已經找到了自己想初步嘗試的事情，基本上每個人都有強韌的適應力與執行能力面對任何迎面而來的狀況，尤其存款還留有幾十萬以上的人，就更無須過度擔憂。不過其實應該說，離職前該了解的問題恐怕不是得先有多少存款，而是確認自己渴望到不能不做的事情為何，畢竟事先存好緊急備用金終究不代表自己未來不會面臨存款驟減的狀態。

如果自己已經儲蓄了不少備用款項，則表示過去的自己在工作上付出了許多努力與堅持，因此給自己一至三年的放鬆時間，去過真正想活出的生活，並且去做自己內心真正想做的事情，即使花光三十萬至八十萬元也不為過！難道自己不值得這樣被好好對待嗎？

長達八十至九十年的一生當中，我們選擇給予自己一到三年的機會去嘗試自己極度想體驗的事物，同時鼓起勇氣暫時什麼都先不管，這對所有人來說，不應該僅僅是權利，而更是生命的義務。如果一至三年之後依然覺得自己想回到原本的生活，並從事過往的工作也不遲，但這三年的經歷將深印在自己內心，我們也能因而更加認識自己，不會留有遺憾。

在創業初期，假如對於生活支出不停燒本錢的情況備感壓力，我們可以選擇儘量先避免住宿和伙食以外的其他消費。包括先暫停訂閱 Netflix 或是 Webtoon 等娛樂項目，或先暫時停止購買新衣服與３Ｃ產品，除非有損壞的狀況，甚至先暫停遠遊而改去公園或是美術館轉換心情。我們認為若能離開原先自己不喜歡的上班生活，即使犧牲這些也相當值得，而且比起追劇、旅遊和購物，對我們來說，創作要來得更加有趣，而後來我們也越發感受到真正讓人開心的生活，並不需要花許多錢。

此外，由於我們經營的是線上事業，故不受時間和地點的限制，其實住宿費和交通費真的可以減少許多，尤其特別推薦可以去青年旅館嘗試居住至少兩個月的期間看看，不少青旅都有提供「一個月的長住方案」，價格甚至比租屋還要便宜，卻可以享受更舒適寬敞的公共辦公空間與免費WIFI，甚至還有免費的飲品和零食可以享用，讓我們連下午茶費用都直接省下來了。

長住在青年旅館除了可以省下打掃房間、清洗床單棉被的時間與精力，還能冷氣吹到飽，並能心無旁騖的專注工作，最棒的是我們可以觀察與測試自己真正需要的生活空間大小和物品多寡，而這是我們游牧青旅之後最大的收穫，從此也就知道自己不需要花大錢住很大的地方也能怡然自得。

我們的物品在游牧生活的那段期間降至最少，只要一個背包就能到處跑跳，那時也是我們感到最自由且最幸福的時候，於是我們也深刻發覺自己與其獲得更多的資源，能夠減輕自己身上的負擔才是最棒的感受，無論是有形還是無形。

相信有些人看了以上這些生活方式後依然覺得心驚，並篤定認為「如此不合常理」的生活不可能適合自己，而這樣也很好，表示對於自己有了幾分了解，且代表每個人適合的生活真的不一樣，抑或自己轉變生活的時機尚未到來，不勉強自己刻意改變並繼續享受當下的生活也是很好的選擇。

# 比孝親費更重要的事

逕自去追尋喜歡的工作而沒錢孝親或是照顧父母，是不少人關切的問題。家人養育我們當然感恩萬分，但這不代表我們應該犧牲自己實現自我的目標，而且我們也認為無法先愛自己的人難以真正去愛他人，如同先前所述，不停累積的壓力與委屈其實不知不覺中也會造成他人的壓力與不適，金錢固然重要，健康的身心更是重要。因此攸關人生價值與活出真正的自己，對我們來說是最核心的，畢竟每個人都是獨立的個體，終究只能對自己負起責任。而我們願意少買一點物品且少吃一點，然後將多餘的存款全部奉獻給家人也沒問題，但我們無法不去做自己真正熱愛的事，而屈就於唯有家人認同的工作。

當初我們決定離職的時候，家人也偏向反對的態度，因為深愛我們所以擔心我們的生活會就此變得窘迫而不穩定，或是沒錢照顧自己，尤其明明現在手上有份不錯的工作，要是放棄實在可惜。由於我們深知並理解家人愛子心切，希望我們順順利利、平平安安過生活，能夠擁有家人的關愛備感溫暖，但這並不能阻礙我們關愛自己，這不僅僅是我們內心難以忽視的生命呼喚，我們也相信當我們先照顧好自己的身心，之後才能給予家人真正由衷的關愛。

後來我們也發現當我們能夠跳脫傳統的思維框架，嘗試接觸更廣闊的視野與不同的生活樣貌時，我們就能看明白每個人只是在自己的角色上盡力做到最好而已，並沒有對錯。而我們也親自展示自我實現後的模樣，並以尊重與有禮的方式與長輩談話。有趣的是，透過頻道影片真切表達我們的生活方式後，家人更能具體理解我們的真實想法，甚至無形中也跟隨著我們的極簡生活與飲食方式，這是我們「自私」離職後赫然發現的最有效溝通。

同樣的概念也適用於其他領域，就像一個正在學習極簡的朋友總想影響自己的家人伴侶與他一同練習，卻常常容易用命令或責備的口吻來規定他人，殊不知，以身作則永遠是說服別人的最佳方法。

實際上，家人只是尚不明白目前看得見的穩定並不代表永久的穩定，而動盪和改變未必是壞事。任何事情的發生都能讓我們有所學習，變化與波動將成為我們開始反思的契機，而不會持續僵化，喪失了認識自己與成長的機會。

面對家人的勸說再正常不過，畢竟許多人都是在這樣的教育與價值觀下長大，因此當我們堅持做自己想做的事情時，初期難免會經歷與家人變得有些尷尬的過渡期。前面也提過，我們離職後的第一年就包不出紅包，當下也感到非常窘迫，但那也促使我們更加努力，以回應家人給予的支持，因此越痛苦，生活會過得越好。

創業幾年之後，家人已經習慣我們的工作樣貌，也看見我們過得還可以，甚至我們因為實踐自我，且同時從中修練了自己的脾氣後而變得更溫和，說話語氣也更包容，於是家人也不自覺的笑顏以待，彼此的關係比以往更和諧融洽。

現在我們十分喜歡與家人之間那種彼此信任、彼此溫柔相待，又能照顧好自己的氛圍。

# 不想爲醫療保險費而奮鬥

如同我們在〈關於努力〉的篇章中所提到的，一旦將自己的注意力聚焦在對生命和未知的「恐懼」上，反而會讓我們增加醫療費用、保險費用、投資理財進修費用、保健食品費用、養生食材費用、身心靈學習費用等健康、抗老、疾病保衛的相關費用。

這些項目的費用全數加總起來，或許會耗費一個人一生的精力與精神去賺取，而我們自己覺得，這樣做太麻煩、太累，也沒什麼興趣為此耗費太多時間與生命去做這種準備。反而對我們來說，更偏好的是去整理和檢視自己當下的每一個想法、感受、行為、支出，以及物品背後隱藏的信念和價值觀為何，並將焦點放在現在就好。

要擺脫這種社會價值信念，以及隨之而來帶給我們的恐懼與憂慮，起初當然也不輕鬆，但我們發現，一旦發現改變某一項核心觀念，就能一下同時解決許多連帶問題，便覺得實在划算，也感到神奇。

不過每個人偏好何種生活情境終究截然不同，我們也並非否定或反對醫療保健與保險的重要。只是如實分享在分配人生的時間與專注力時，我們做出了自己的取捨。無論如何，想鼓勵大家去找到專屬自己運用時間的動機與模式，這就是人生最大樂趣所在！

# 孩子帶來的甜蜜與負擔

一個人對於飲食營養與健康的價值觀也會影響小孩的「伙食費」。有些人認為小孩一定要喝牛奶與吃雞蛋，有些人則認為小孩從小就可以吃素，不同的生活價值觀自然會影響到相關的支出，而光是伙食費就可能有很大的差異。

有些家長認為應讓小孩自由自在的在大自然中遊玩，且不購買過多玩具，相信向大自然學習就是最棒的學習；有些人則是不信任目前的教育體制，而選擇讓小孩待在家中由自己親自教育；也有些人認為必須讓小孩去上很多才藝班，並購買許多高級教具，然後深信只有讓小孩進入貴族或國際學校才能獲得最棒的教育。每一種學習方式都有其優點，若是單純想省錢的話，也各有選擇。

據說小孩的尿布很花錢，不過也聽過有些環保人士選擇使用布尿布以重複利用，這種減少購買尿布分量的方式或許也可以節省部分費用，甚至能夠更環保。

我們自己在生理期時使用的是月亮褲，每個月不再購買塑膠製的衛生用品，於是每月固定支出也少了一筆，雖然我們是因為覺得每次都要採購衛生棉很麻煩而選擇月亮褲，而實際體驗過後發現確實可以取代，且自己也願意改變行為，因此最後選擇一次性的確定消費，來換得未來每月現金流出的減少，不失為一種做法。

家長的工作型態顯然也會影響小孩的養育費用，假如自己沒時間照顧小孩，則勢必要請專業保姆代勞，這麼看來工作的影響層面真的很廣，包含前述提及的住宿、飲食、交通、電信網路、休閒娛樂、醫療保險費、小孩養育費等，幾乎無處不影響！現在就從檢視自己的工作來省錢吧！

現今不少人因考量養小孩十分花錢而對生小孩感到卻步，雖然我們目前也沒有想生小孩的想法，但金錢並非我們主要的考量。

我們認為一個人之所以會接觸到另一個人，無論血緣關係的有無，一定是因為我們需要在這個人身上學習到什麼，由於不會存在一個完全符合我們所有預期的人，因此彼此就可能產生摩擦，此時也是自我學習的機會，不過真正的學習通常都與「痛苦」脫不了關係。

其實每個人都是父母的小孩，可想而知我們如何與父母相處，未來小孩與自己的相處方式可能也會相去不遠，畢竟我們多多少少都受到父母教育的潛在影響，而以此養育自己小孩的可能性便也相當高，而又有多少小孩滿意自己父母的教育方式（笑）？

換句話說，如果內心感到想要生小孩，或是其實沒想太多，只覺得年齡已到就該結婚與生小孩，則接下來可能就有長達二十年甜蜜又痛苦的學習課程了！我們並非否定生兒育女，只是每個人願意擁抱的苦樂不同罷了，相信很多人也無法接受離職與游牧生活所產生的另一種苦樂，而不論是哪一種，皆能讓我們對自己與這個世界有更多的了解。

現在的我們還不太想要透過生小孩來學習和體驗痛苦，即使已逾最適合懷孕的年齡，也不足以讓我們有動力去做這件事，由於我們目前還是比較偏好從工作、飲食和簡單生活方面來進行學習，於是就逐漸成為了看似不結婚、不生小孩、不買房、不買車的「躺平族」了！

雖然未婚的我們不需要付出養育小孩的時間和金錢，確實能夠節省許多費用，但那些擁有了美好家庭生活的人也獲得了我們不曾體驗的美好經歷，漸漸的，我們也會發覺省錢或存錢與否其實不一定那麼重要。

以上所有的花費其實都與我們自身的生活價值觀強烈的綁在一起，當我們覺得某項花費是「一定不能省的」，或是某項物品是「一定不能沒有的」，通常也是我們束縛自己或過於執著的地方，同時也是可能會帶給我們學習機會的事物。

# 眞的需要爲金錢考慮那麼多嗎？

雖然我們在前面試算和分析了許多支出項目，也整理了一些可以應對的情境，但當初的我們根本沒辦法如此精打細算，過去的我們頭腦呆，也什麼都不懂，而世界、周遭人事物、網路社群、生活都變動得如此快速，又怎麼可能隨時掌握得清楚？

即使真的能透過少食來達到節省伙食費的目的，但我們真的能夠抵抗美食的誘惑嗎？若是勉強自己不去吃想吃的食物，結果造成身心的問題或壓力，最終還能省到錢嗎？

若為了省下住宿費用而勉強自己住在品質低落的環境裡，這樣真的可以省到錢嗎？我們在游牧生活時期雖然花了較多的住宿費，但那時

YouTube 收益也比較高，後來改成租房，收益也剛好下滑，則到底是該省錢還是不該省呢？

由於我們不想做勉強自己的工作，不想研究不感興趣的投資理財或開源節流，也不想為了省錢而虧待自己，因此我們只努力做一件事，就是「覺察」，亦即「單純觀察」。

**每當我們花出一筆費用，當下就好好享受，因爲這些支出都轉換成了美好的生活體驗，並且豐富了我們的生命與心靈，所以我們一點也不虧。**

然後我們會靜下來覺察當下體驗時的身心感受，如果感覺好就繼續嘗試，如果感覺不好就停下，並考慮換個項目或重新思考自己的生活。

依照過去上班時的經驗，就算現在勉強自己不花錢，但勉強自己後可能反而產生一堆毛病，最後還是有一堆支出要面對，又或是明天的我們可能就不在這個世上，則我們還需要省錢和存錢嗎？

另外，真的要不斷開源嗎？

如同前面整理的支出與省錢的相關內容，我們可以發現因勉強自己而省下的費用似乎會在未來引發更多的消費支出，因此我們其實難以評估到底省下哪一項才會更省。同樣的，勉強自己做不喜歡的工作，或是到處兼職斜槓賺錢，以及拚命投資理財，即使現在真的多方開源，是否能長久留住也令人懷疑。

也許有些人覺得當小說家或作家這類的文字工作者或是沒有接業配的YouTuber 是無法負擔生計的，而這其實只是思維上的自我限制，如果只是為了賺錢而選擇這份工作，不如回去當個上班族還更實在些。即使金錢看似很重要，我們也還是想要過一個充滿樂趣並實現自我的人生。

事實上那些真的可以單純靠文字或拍片為生的人，一開始根本都沒有想過要靠此維生，或事先全面分析它的未來性或收入結構，而只是單純喜愛文字、投入創作，甚至若阻止他不去創作，他反倒感覺渾身不舒服，然後不知不覺當中就走到現在這一步，而究竟自己會走到哪一步實在無法也無需規劃和預期。

我們認為並不是哪一份工作較能夠賺錢，或是哪一個商業模式較能夠獲利，抑或哪一種投資比較穩健，即使是同樣的工作模式，由不同的人來嘗試，結果也可能十分迥異，因此關鍵在於「做的人」當下擁有的心態與想法，「如何做」則在其次，一個帶著熱情、幸福與喜悅的人肯定會比一個帶著恐懼、焦慮且勉強自己的人做事品質來得更好吧！

以前在銀行上班時，我們也曾經看過十分熱愛自己手上這份金融工作的同事和主管，他們的眼裡散發著光芒，業績表現也很亮眼，連加班的時候感覺也很享受，看起來相當喜歡待在公司的樣子，那時我們也曾渴望自己有一天能像他們一樣如此享受工作又有好的表現，如今我們也找到了會讓自己眼睛發亮的工作，總算可以體會他們的心情了！

離職至今已滿五年，我們發現原來心靈相關書籍上所寫的「做自己真心想做的事不會餓死」是真的，而且我們還吃得很好，且生活得很開心！

我們不斷選擇當下內心想做的事，然後內心的聲音也一直不停改變，於是我們也嘗試了許多不同的工作內容和模式，乍看我們似是「開源」或「斜槓」了很多項目，包括整理師接案、開課、培訓、演講、網頁設計接案、線上課程、YouTube、會員頻道、Podcast、直播、寫作、撰寫付費文章等，但其實就是當下的一個念頭帶領我們一個個嘗試與體驗，然後我們猜想生命喜歡透過讓我們多方接觸來挖掘這個廣闊的世界，而能夠體驗各種事物也能使能力慢慢提升，因此我們的收入也一直都蠻足夠的！

將多元的線上工作型態摸索一番之後，現在我們回歸到比較單純的生活，平時就將我們每天平淡無奇的日常生活拍成 YouTube 影片，以及將日常生活心得整理成文字，我們沒有接案、沒有業配、沒有合作、沒有開課、沒有產品，就只有「簡單的生活和創作」，而生活就是我們的創作，創作就是我們的生活，現在我們的工作就是創造自己喜歡的生活，也是唯一「開源」的項目，比起特意去開源節流，我們偏好保持心情輕鬆的聆聽內心的訊息，同時深信人活著應該充滿樂趣且自由愜意。

## 結語
# 身心自由的美好體驗

由於我們的游牧生活、居住環境、個人物品、飲食內容和休閒活動幾乎都已透過 YouTube 頻道公開分享出來，因此支出面應該觀眾都比較熟悉。

離職後五年內，我們的收入起伏頗大，而最近一年兩個人的存款餘額，剛好能夠支付一整年的房租費用，主要收入是 YouTube 頻道的收益，以及方格子寫作的收入，雖然比以前上班薪資少，但仍能支應我們每天想吃的美食、想喝的飲料，以及想看的電影等花費，每年春節我們也都會包紅包給家人，可謂花費剛好和收入相抵，於是我們想體驗的生活當下便能享用，不用等到老後退休。過去幾年雖然僅靠自己創業，但也不曾過上特別困頓的生活，反而在這些經歷中，精神與意識更加放鬆而有餘裕，也漸漸學會放過自己，也放過他人，並能夠更溫柔一點待人。

或許不少人會對這樣不充裕、不穩定的收入感到分外擔心，不過相信踏出舒適圈外的人只會感到頗有共鳴吧（笑）！圈內人比較容易以保有既有工作待遇來找創業標的的角度來評斷，至於是否能實現自我大概覺得無足輕重，或是認為追尋自己喜歡的生活其概念過於空泛而不實際，於是往往壓抑自己的熱情愛好也不感到後悔。生計問題是每個人都需要面對的重大議題，但活得自由舒心、不受關係綁架以及互助共樂也應該屬於重要的人生課題，不應偏廢，而我們自己察覺從自身物品、工作、生活環境以及價值觀上開始了解與關愛自己，我們會發現我們擁有的早已太多了。

現在的我們每天都過得很快樂，也很知足，曾經想買的東西與美食恰好在以前收入較高的時候也有機會享受，甚至次數多到從一開始的興奮到最後的無感，而現在簡單的飲食和生活就能滿足我們，因此隨著不斷自我觀察與反思，即使現在收入沒有以前來得高，生活的品質依然維持，甚至有幸能夠體驗兩種有趣的生活。

我們也發現之所以收入不高可能是代表我們現階段剛好沒有太大的花費需求而已，也表示「我們什麼都不缺」或是不需要多的東西，而這樣的狀態非常舒服，假如某天我們的收入又突然變多，則可能代表生活又將有變化！也許又要開始游牧也不一定，不過生命總會用讓人更意想不到的方式出現在我們面前！

我們目前的存款和每月現金流量雖然比起過去在銀行上班時還低，但是卻比過去的任何時候都要來得幸福、快樂與平靜，似乎體內頑強的野獸終於被馴服，且能跟自己和平共處，彷彿創業不是爲了財富自由，而是爲了身心自由，而這種感覺是過去的我們難以想像的，同時也表示存款越多未必就能讓自己慌亂的心安定下來，而是經歷多一些、感受多一些、學習多一些，放下的也能多一些！

隨著不斷累積不同面向的生活體驗，或是以不同的角度來看待自己的生活，我們就能提高自己的遊戲經驗值和能力值，即使有時候面對存款較低或是遇到挫折阻礙也不會視它為什麼天大的問題。

我們真心推薦大家可以嘗試看看一到兩個月的游牧生活，並體驗看看自己以前完全沒有經歷過的居住環境和生活模式，然後其實不用想得太複雜或困難，只要預訂自己目前居住地所在縣市的房源即可，接下來帶著不是要去旅行的態度出家門，而是用日常生活的眼光去過新的生活，或是嘗試看看以前完全沒有試過的飲食方式。例如：葷食者可以嘗試高評價的純素餐廳或生機飲食餐廳，平常一日三餐的人也可以嘗試早上還不餓時就先不吃早餐，然後稍微觀察看看會有什麼樣的感覺，純素者也可以嘗試看看一天的果食或汁食生活，並以增添生活趣味的心態嘗試就好，下班之後常常只有規劃追劇行程的人也可以試著將自己一日的行程、飲食、花費及生活感想記錄起來，然後分享到社群媒體或部落格平台，並同樣去觀察看看自己會有什麼感覺，而且只要按照自己喜歡的步調進行行動測試，完全不需要給自己半點壓力。

生在物質豐富的現代，新嘗試幾乎不需要有太多的支出成本，甚至還有機會減少生活費用，因此稍稍改變自己生活的一部分，我們的世界並不會毀滅，也能鍛鍊我們面對變化的抗壓能力，有時候我們之所以無法放棄既有的生活，大概是原先的生活過得太舒服，然後看見有人能夠彈性工作或到處走跳，而又貪圖那部分的好處，同時渴望著不用努力就能達到的捷徑。

透過嘗試體驗以上兩種不同的生活情境，我們會發現有許多自己原本以為很了解的事物其實還有更多可以去探索的地方，然後會意識到這個世界超級有趣，接著也會更有熱情的再次投入生活、發掘生活與好好生活，偶遇不順幾次後也會察覺到原來自己只是臨界下一個美好的轉折點，對於未來未知的恐懼也會逐漸降低！

最後如果覺得自己要改變生活依舊過於困難，現在就開始不斷的整理物品吧！這是最簡單、不花錢，又可以立刻著手的行動，且好處也是意想不到的多。隨便拿起一樣不常用的物品時，我們可能會忽然發現「原來我有買這個啊」、「原來這件褲子已經穿不下了啊」、「原來我以前喜歡這種顏色和風格的外套啊」、「原來我已經對手作不再感興趣了啊」、「原來我已經有三個月沒有用這個鍋子了啊」、「原來我已經看完那麼多書了啊」！光是看似相當簡單的物品整理，我們就可能會意識到自己有多不了解自己，有時候會誤以為自己很有能力，有時候也誤以為自己沒有能力，而這個過程非常有趣，若想要好好關愛自己，不妨就先從探索自己開始，透過持續檢視與整理目前擁有的物品、行為與價值觀將能幫助我們再次找到生活的定位與適合自己的狀態，也讓我們更有動力迎接接下來的生活挑戰，並樂在其中！

國家圖書館出版品預行編目(CIP)資料

今天，就過喜歡的日子：布蘭達 & 維尼一步步實現心靈與物質自由全紀錄 / 布蘭達 & 維尼著. -- 新北市：虎吉文化有限公司，2023.03

面；　公分. -- (Mind ; 2)

ISBN 978-626-96887-4-6(平裝)

1.CST: 自我實現 2.CST: 自我肯定

177.2　　112001804

虎吉文化

MIND 02

# 今天，就過喜歡的日子

作　　者　布蘭達 & 維尼
總 編 輯　何玉美
校　　對　張秀雲
封面設計　鄭婷之
內頁設計　鄭婷之
排　　版　陳佩君
行銷企畫　王思婕
發　　行　虎吉文化有限公司
地　　址　新北市淡水區民權路 25 號 3 樓之 5
電　　話　(02) 8809-6377
客　　服　hugibooks@gmail.com
經 銷 商　大和書報圖書公司
印　　刷　沐春行銷創意有限公司
初版一刷　2023 年 3 月 29 日
定　　價　380 元
I S B N　978-626-96887-4-6

版權所有．翻印必究

HUGIBOOKS

HUGIBOOKS